道路桥梁工程技术与建设

苗 冬 著

北京工业大学出版社

图书在版编目（CIP）数据

道路桥梁工程技术与建设 / 苗冬著． — 北京 ： 北京工业大学出版社，2022.3
　　ISBN 978-7-5639-8283-7

　　Ⅰ．①道… Ⅱ．①苗… Ⅲ．①道路施工②桥梁施工 Ⅳ．①U415②U445

　　中国版本图书馆CIP数据核字（2022）第048514号

道路桥梁工程技术与建设

DAOLU QIAOLIANG GONGCHENG JISHU YU JIANSHE

著　　者：苗　冬
责任编辑：张　娇
封面设计：知更壹点
出版发行：北京工业大学出版社
　　　　　（北京市朝阳区平乐园100号　邮编：100124）
　　　　　010-67391722（传真）　bgdcbs@sina.com
经销单位：全国各地新华书店
承印单位：唐山市铭城印刷有限公司
开　　本：710毫米×1000毫米　1/16
印　　张：12.25
字　　数：245千字
版　　次：2023年4月第1版
印　　次：2023年4月第1次印刷
标准书号：ISBN 978-7-5639-8283-7
定　　价：72.00元

作者简介

　　苗冬，济宁市公路事业发展中心，近年来发表国家级论文三篇，获得三项实用新型专利。2019—2020 连续两个年度因为工作兢兢业业，表现突出，获济宁市公路事业发展中心嘉奖。

前　　言

随着我国改革开放的深入和经济的高速发展，我国的道路桥梁建设进入了高速发展时期，工程技术与建设质量越来越受到有关部门和社会的广泛关注和重视。

道路和桥梁是我国运输行业发展的重要支撑，它们是人们出行的必备选择，给人们带来方便。在未来的桥梁发展中会以绿色、环保、节能为主题，因此我国的道路和桥梁工程技术也要顺应时代发展的潮流和趋势不断进行创新和改变，不断运用新型高科技技术、智能化机器人技术及 GPS 和 GIS 定位技术，提高道路和桥梁的实用性、观赏性，促进我国道路和桥梁建设的发展。

本书一共包括六章内容，第一章对道路桥梁工程施工技术发展概况、建设过程进行梳理、阐述；第二章论述道路桥梁工程建设施工常用设备，主要分为桥梁施工常备式结构及应用、桥梁施工常用的起重设备、混凝土施工设备及其应用、预应力张拉设备及其应用、道路工程常用的施工机械设备；第三章从桥梁发展历程和道路桥梁技术的应用与发展两方面阐释我国桥梁道路技术发展方向；第四章和第五章系统解读桥梁和道路工程施工的具体方法、方案，各种不同路面施工的注意事项及不同种类的桥梁在施工上的差别等；第六章结合现代可持续发展以及绿色低碳环保理念对桥梁评价体系进行科学分析，并进行实证研究。

本书从不同角度对道路桥梁工程技术与建设进行了阐释，这对接触不深的相关专业人员对该领域进行详细了解有一定帮助，对在此专业的资深专家在某些方面也有一定的研究创作灵感启示，适合各类人群的阅读和研习。

笔者在撰写本书的过程中查阅和借鉴了许多文献，在此对相关学者和专家们表示衷心的感谢。笔者尽自己最大的能力完成了此书，然而仁者见仁智者见智，希望各位予以指正，以期不断改善并修订。

目　录

第一章　绪论 ……………………………………………………………… 1

　第一节　道路桥梁工程施工技术发展概况 ………………………………… 1

　第二节　道路桥梁工程的建设过程 ………………………………………… 6

第二章　道路桥梁工程建设施工常用设备 ……………………………… 17

　第一节　桥梁施工常备式结构及应用 …………………………………… 17

　第二节　桥梁施工常用的起重设备 ……………………………………… 23

　第三节　混凝土施工设备及其应用 ……………………………………… 29

　第四节　预应力张拉设备及其应用 ……………………………………… 32

　第五节　道路工程常用的施工机械设备 ………………………………… 34

第三章　道路桥梁技术发展方向 ………………………………………… 41

　第一节　中国桥梁发展历程 ……………………………………………… 41

　第二节　道路桥梁技术的应用与发展 …………………………………… 44

第四章　道路工程施工 …………………………………………………… 49

　第一节　道路基层（底基层）施工 ……………………………………… 49

　第二节　公路土质路基施工 ……………………………………………… 57

　第三节　沥青路面施工 …………………………………………………… 69

　第四节　水泥混凝土路面施工 …………………………………………… 91

第五章　桥梁施工 ……………………………………………………… 109

　第一节　桥梁施工方法选择 …………………………………………… 110

　第二节　桥梁施工测量 ………………………………………………… 119

第三节　桥梁墩台施工 ···················· 134

第四节　拱桥施工 ···················· 139

第五节　斜拉桥和悬索桥施工 ···················· 150

第六章　绿色低碳桥梁评价体系 ···················· 160

第一节　基础理论 ···················· 160

第二节　绿色低碳桥梁评价体系的建立 ···················· 164

第三节　绿色低碳桥梁评价体系的实证研究 ···················· 177

参考文献 ···················· 185

后　　记 ···················· 187

第一章　绪论

道路工程是道路规划、设计、施工、维护和管理的全部过程。本章的主要内容包括我国道路桥梁施工技术的历史发展趋势和相关建筑程序等。

第一节　道路桥梁工程施工技术发展概况

一、我国道路桥梁工程施工技术发展回顾

随着科学技术的进步及建筑设备、施工机具和材料的发展，现代道路和桥梁的建筑技术正在老式建筑技术的基础上不断向前发展和改进。了解建筑技术的发展过程，有利于完善建筑模式，进一步总结、改进和更新建筑技术。

我国在建设道路和桥梁的技术方面有着悠久的历史。据史料记载，早在周文王统治时期，渭河上就有建造浮桥和石桥的记载。公元前 2000 年，我国为牲畜和车辆修建了道路。在西周时期，道路建设已经初具规模了。关于道路规划，《周礼》有下列记载："匠人营……国中九经九纬，经涂九……环涂七轨，野涂五轨。"关于道路管理，《周语》有下列记载："司空视途""列树以表道，立鄙食以守路""雨毕而除道，水涸而成梁"。关于道路质量，《诗经》有下列记载："周道如砥，其直如矢。"秦始皇统一六国后，大修驰道，颁布车同轨法令，在道路建设方面取得了巨大进展。

隋唐时期是中国古代道路和桥梁建设的鼎盛时期。初步建设了以城市为中心的广泛公路网，并在道路桥梁的结构和施工方法上引入了许多创新。在这一时期，桥梁的建造清楚地证明了我们古代工匠的智慧和力量，是桥梁建造史上的宝贵资源。其中一个杰作是建于 1400 多年前的赵州桥，这座桥是采用纵向并列方

式建造的，它由 28 个拱圈组成，每个拱圈有 43 块拱石。为了提高拱圈的整体性和强度，除了拱石表面凿了斜纹外，在拱石的纵向之间还放置了一对腰铁。在建筑拱顶时用了刹尖的方法，在主拱跨中拱背上放置了 5 根铁拉杆，让拱石能够紧密挤压。从赵州桥的施工技术上，我们不难看出古代工匠对大桥受力的特点是非常熟悉的，施工技术完全符合现代科学技术，这是赵州桥能完好保存至今的重要原因。

从宋朝到清朝，道路和桥梁的建设水平得到了提高。宋朝之后，桥梁的数量增加了很多，在容量和形状上都有了新的飞跃。洛阳桥也被称为万安桥，是一座靠近海湾的桥，建于 1053 年。这座桥长 834 m，有 46 个桥墩。在当时缺乏现代化设备的情况下，海湾深水基础设施的建设是非常困难的。在这汹涌的大海中，古代的工匠们建造了第一个现代的筏形桥基。施工时，沿着桥的中线投掷大石头。在坚固的石基上建造桥墩，创造了抛石技术，并且巧妙地使用牡蛎将筏形基础加固成整体，后来，这项技术也被用在了鹰厦铁路的建设上。万安桥的石梁有 300 多根，每根长度为 20 m，重量为 20 t ～ 30 t。石梁采用了"浪登船，吊拉索"的方法设置，根据分析是采用涨潮波动来控制船舶的高低位置，使石梁上下浮动，并以悬机牵引就位。古代的工匠们用简单、自然的手工工具建造了桥梁，这就是现代浮运架设的最原始模样。

清政府倒台和新中国成立之间的时期是中国道路桥梁的发展时期，但发展很缓慢，发展过程经常被打乱。30 多年来建造的桥梁总距离只有几十万公里，桥梁的建设也搁浅了。在新中国成立之前，长江上没有桥梁。建筑技术和手段也很薄弱，主要靠手工搬运和石头碾压，虽然引进了一些建筑机械，但是由于难以获得备件和燃料，这些机械很少被使用。在新中国成立初期，全国只有 200 多台推土机，不到 10 台挖掘机，不到 100 台拖拉机和 100 多辆汽车[①]。

自新中国成立以来，随着道路桥梁建设项目的出现，建筑技术得到了更快的发展。在道路建设上，修建了 10 多条优先道路，包括关西路、成都和阿坝路之间的海南岛路等。随着我国基础建设水平的提升，1957 年 9 月，第一座横跨长江的公路桥——武汉长江大桥建成。1968 年 12 月，南京长江大桥竣工。南京长江大桥的水下结构深度超过 70m，水文地质非常复杂。在钢梁的设计和实践中，使用了四种不同类型的基础设施和不同的施工方法。钢梁的设计和建造使用了国

---

① 朱峰. 公路工程施工 [M]. 北京：机械工业出版社，2010.

内的低重量钢合金（16Mn），纵梁首次使用了高强螺栓而不是钉子；一些先进的技术和工艺首次被使用，如陶粒轻质混凝土技术。同时在桥梁的施工过程中，进行了一系列重要的建筑设备和重要建筑工程的设计实验和研究。南京长江大桥被认为是世界上最成功的大桥之一，是中国桥梁技术的新水平。

自1980年以来，我国在道路桥梁建设方面取得了质的飞跃。1988年，我国结束了没有高速公路的状况。到2010年底，我国的道路总长达398.4万km，高速公路总长达7.4万km，双双跃居世界第二位。在桥梁建设方面，引入了预应力技术和悬臂施工技术，诸如T型、斜拉桥和悬索桥等结构已在全国各地应用发展。例如，苏通长江公路大桥项目规模庞大，跨径为1088m，截至2013年是世界第二大斜拉桥；2009年12月，西堠门大桥建成通车，这座大桥是连接舟山本岛和宁波的舟山岛的对接工程，大桥主桥为两跨连续钢箱梁悬索桥，主跨度长为1650m，位于悬索桥世界第二、中国第一；2006年8月，重庆石板坡长江大桥复线桥竣工通车，全长1103.5m，采用连续梁钢结构，5号和7号桥墩的跨度达到了330m，成为当时世界上最大跨径的钢拱桥；重庆跨长江的朝天门大桥于2009年4月正式通车，主跨度长552m，建成时是世界上跨度最大的钢拱桥。在桥梁施工技术上，我国不但大力发展了悬臂施工技术，而且根据桥梁施工的要求，发展了其他施工方法，如转体法、顶推法、逐孔施工法、横移及浮运法等。

我国道路桥梁工程施工技术所取得的成就如下。

（1）制定或修订了道路桥梁工程施工方面的技术规范，目前已经建立起一整套符合我国国情的道路桥梁工程施工控制、检测和验收标准及规范，例如：

a.《公路工程技术标准》（JTG B01—2014）；

b.《公路路基施工技术规范》（JTG/T 3610—2016）；

c.《公路沥青路面施工技术规范》（JTGF 40—2004）；

d.《公路桥涵施工技术规范》（JTG/T 3650—2020）；

e.《城镇道路工程施工与质量验收规范》（CJJ 1—2008）；

f.《城市桥梁工程施工与质量验收规范》（CJJ 2—2008）。

很多施工规范从制定初期到现在已历经数次修订，这体现了我国施工技术的不断进步和提高。

（2）机械化得到了极大的改善，各种先进的建筑设备被广泛应用于道路桥梁建设中。全国各地的交通市政部门已经拥有了大量先进和多样化的建筑设备、试验和测试设备；大型建筑机械的数量达到了数百万，固定资产达到了数千亿元。

（3）新技术、新工艺和新材料被广泛使用，带来了巨大的社会效益和经济效益。在过去，道路主要由砾石、碎石、沥青和其他材料组成。而现在，沥青混凝土和水泥混凝土等性能较好的路面材料得到了广泛应用，使路面的等级提高，质量加强，使用年限变长，水泥混凝土可以使用30年甚至40年，而且不怕重车碾压。越来越多的轻质高强混凝土、钢材已广泛应用于桥梁建设上，使桥梁的跨度越来越大，承载能力越来越强。

（4）施工控制和手段得到了改善，进而保证了工程的质量，加快了施工的速度。核子密度仪无损检测、断桩的超声波无损检测、电磁测厚仪等快速准确的检测仪器应用得越来越广泛。

二、道路桥梁工程施工的特点及施工技术的发展趋势

（一）道路桥梁工程施工的特点

（1）施工作业面积大、临时工程多，很容易受到其他工程和外部的干扰，施工管理工作繁重。

（2）水文、气候和地质等自然条件严重影响了外面作业。

（3）工程涉及的地形、地貌和地质方面的巨大差异，造成工程数量大不相同，难以执行，使得建筑项目之间难以协调。

（4）道路和桥梁是永久性的建筑，需要占用大量的土地，通常不能拆除和重建，因此，对道路桥梁工程的质量要求非常严格。

（二）道路桥梁工程施工技术的发展趋势

1. 在施工方案的拟订和选择方面

将充分利用电子计算机和其他先进的手段进行方案优化，考虑到材料、机械、工作时间和建筑价格等因素，使经济和社会效益最大化。

2. 在施工工艺方面

在道路建设方面，将在以下领域取得重大进展：加固土壤，用沥青和水泥重建混凝土，用工业废料建造道路，使用水泥、沥青和土壤外加剂；在钢桥的制造中，使用电子计算机进行取样、绘图和管理，用精确的数字坐标代替分拣机，使用激光焊接；在桥梁结构施工、悬臂施工、施工吊装、移动技术等方面，中国积

累了丰富的经验，接近了世界先进水平。特别是在移动桥梁建设技术方面，中国一直处于领先地位。然而，与发达国家相比，在逐节预制拼装、逐孔无支架施工技术上仍然有一定的差距。大型起重机械设备和预制孔接孔安装技术将成为中国桥梁技术的发展趋势。

3. 在施工机械、设备方面

将会出现使用单机进行的流水线操作和多功能组合的施工机械，为了实现建筑设备的自动化，还将使用电子和激光技术对现场进行远程监控。

预应力混凝土桥梁系统在 20 世纪 60 年代在国外得到了发展和完善，应用于许多平行钢绞线、钢梁、厚钢筋锚固系统及相应的连接器和张拉整体结构中。中国在这些技术的基础上研制了自己的锚固设备。

在张拉吨位方面，我国最大的张拉整体力在 6 000 ~ 11 000kN，国外最大的张拉整体力在 8 000 ~ 15 000kN。桥梁建设的一个重要主题仍然是开发更有弹性、更安全、更有建设性的系统。

在深水基础设施领域，机械化和自动化可以通过远程钻井、自动化磨坊和先进的建筑测试系统来实现。在钻孔技术方面，日本生产的钻孔设备直径为 6m，深度为 200 ~ 650m。

4. 在施工检测技术方面

将广泛使用能够自动连续量测动、静两种荷载作用下的路基、路面弯沉仪和曲率半径仪；利用冲击波、超声波和灵活的测量方法，如雷达波、同位素和测量密度和厚度的仪器，以及使用计算机自动连续量测路面抗滑性能和平整度的仪器，来确定道路的大小。

5. 在施工作业方面

将在道路桥梁建设中使用预制结构施工，特别是人工构造物的施工实现标准化和工厂化。

6. 在特殊路基处理方面

将充分利用化学和生物技术，使用当地材料。

7. 在施工与技术结合方面

施工技术，如声屏墙、减噪路面和绿化，将提高到一个新的水平。施工技术的发展将更好地满足设计要求，设计和施工之间的互补性将进一步加强。

第二节　道路桥梁工程的建设过程

一、道路桥梁工程的基本建设程序

基本建设过程从规划到接收和检查，主要包括四个阶段。

（1）规划阶段：项目提案，项目可行性研究。

（2）设计阶段：初步设计、技术设计和工程设计。

（3）施工阶段：施工准备，组织施工。

（4）交付使用阶段：竣工验收，交付使用。

（一）项目建议书

项目建议书是基于国家长期经济规划和道路网络规划的项目建议。项目建议书是所有筹备工作的基础，它对建设项目提出目标、要求、原材料、资金来源等文字说明，可以作为可行性研究的基础。

（二）项目可行性研究

必须对新建的、扩建的和中型企业及所有利用国外基础设施投资的企业进行可行性研究。

（1）分类：工作深度可分为预可行性研究和工程可行性研究。

（2）需求：工程可行性研究与初步设计估计数之间的差异应保持在 10% 左右。

（三）设计文件

1. 类型、适用项目

（1）第一阶段的设计：适用于技术和方案简单的小型项目。

（2）第二阶段的设计：适用于公共工程项目。

（3）第三阶段的设计：适用于技术复杂且缺乏建筑经验的项目。

2. 内容

（1）初步设计。初步设计是国家控制投资和编制文件的依据，是订购、调拨材料和机具，安排重大实验项目等的依据。

（2）技术设计。在批准初步草案和补充初步资料的基础上，通过科学实验、专题研究、深入研究和分析来解决草案中未解决的问题。

（3）建筑图纸设计。根据批准的初步设计，进一步对所审定的修建原则、设计方案、技术决定加以具体和深化，并确定工程量，提供文字说明和图标资料等。

（四）列入年度基本建设计划

建设项目的初步设计和预算可列入国家基本建设计划中，但须经上级批准。建筑单位可以根据国家建筑基本计划编制年度基本计划，并在编制材料、人力和财政计划之前提交批准。

（五）施工准备

根据工作进展情况，施工主管部门组织基本建设机构进行登记和拆除工作，协调相关单位的工作，提供材料、设备和技术信息等。

（六）组织施工

建筑公司根据施工程序组织工作，严格遵守设计要求和建筑法规，以保证工作质量。

（七）竣工验收，交付使用

1. 竣工验收

对工程的质量、期限、生产能力、规模和使用条件进行审查，对固定资产移交清单、隐蔽工程的描述和竣工决算进行仔细检查。

2. 交付使用

建设工程验收合格后，就必须将其转移到生产部门，供正式使用，迅速完成固定资产转换程序，并加强固定资产管理。

二、道路桥梁工程的建筑程序

建筑程序是指建筑公司从接收建筑任务到完成工作的操作程序，包括接收建筑任务、签订建筑合同、组织施工和验收工程。道路桥梁工程建设阶段之间的相互关系，如图 1-1 所示。

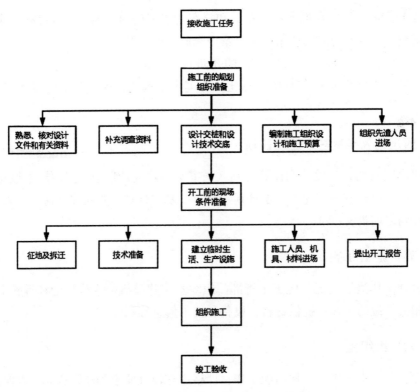

图 1-1　道路桥梁工程施工过程示意图

（一）接收施工任务

接收施工任务时，必须确保该项目列入国家计划并加以监测。列入国家计划的项目必须包括一份可行性研究报告、一份初步草案（或一份技术草案）和一份预算文件。国家主管部门必须登记不属于国家计划的项目，例如由三方组成的项目、联合项目、地方自筹资金项目等。

接收施工任务是要签订施工合同来进行法律确认的。因此，施工方和建筑方要签订项目合同，合同中明确双方的经济和技术责任，双方相互制约，相互促进，以确保顺利和及时地执行建设任务。合同签署后具有法律效力，双方应谨慎履行。

施工合同的内容包括：一个简短的描述，所有的工作，实施的工作任务、质量要求、工作的（定量）数据，价格相关的材料供应，工作情况，工作补贴和结算方式，违约责任和双方之间的合作等。由于合同的内容涉及企业管理的各个方面，因此合同的条款既要符合相关法律的要求，又要符合工程的实际条件；合同必须确保严格、准确、简明和可执行，避免合同条款的含糊不清和不必要的争端。

（二）施工前的规划组织准备工作

建筑公司接收了建筑订单，施工准备工作就可以开始了。必须特别重视施工准备工作的质量。准备工作最重要的任务是了解施工的客观条件，调整人力、物质、技术和组织资源。

道路桥梁的施工准备工作内容宽广，贯穿整个建设过程。总的来说，道路桥梁的施工准备工作主要包括战略规划准备和对当地情况的战术准备。组织准备工作将包括以下几个方面：

1.熟悉、核对设计文件和有关资料

设计文件是工程组织、单位建设的基本标准，是良好的施工条件和工程质量保证的基础。确定和评估施工图纸是领会设计目的、确定工程内容和特点、了解技术要求的重要一环。确定和评估施工图纸的主要内容如下：

（1）检验计划的安排，图纸的设计和资料是否符合有关方针、国家政策的规定，图纸是否完成，图纸是否有错误或矛盾，图纸是否能满足施工需要。

（2）了解设计的内容和技术要求、工程规模、结构特点和形状。

（3）设计文件所根据的水文、地质、气象和岩石等资料的准确、可靠和完整。

（4）检查中线、控制点，并仔细检查所有构造物的大小、位置和标准是否符合建筑工作的细节。

（5）道路和其他建筑物的干扰和处理。

（6）针对薄弱地区采取的措施和环境保护措施是否合理。

（7）建筑、地点、交通和道路条件是否符合实际。

（8）临时设施的布置是否恰当。

（9）各项协议文件是否齐全。

（10）明确建设期限。

以上核对内容应形成文字材料，作为准备工作的成果和制定施工组织计划的依据。在核查过程中发现错误或不合理的地方应进行修改并向上级报告。

2.补充调查资料

（1）工程地点的水文、地形、气候和地质条件。

（2）加工材料、本地材料的情况。

（3）当地劳动力资源、工业加工能力、运输条件和运输状况。

（4）建筑工地的供水、供电和生活材料。

（5）当地习俗、生活习惯等。

3. 设计交桩和设计技术交底

在正式施工之前，勘测、设计单位应该向施工单位进行交桩和设计技术交底。

（1）设计交桩：在确定路线时，设计单位将电缆控制点、标准控制点和其他关键控制点转移到施工单位。一旦这些控制点被接收，施工单位必须采取必要的措施，以适当地加强和保护它们。

（2）设计技术交底：所有设计技术都促进了设计和监督的统一及施工的统一，描述了设计的目的和施工的功能要求，以及特殊结构、新材料、新技术和施工点的细节。施工单位将在研究文件草稿中提出发现的问题，并由设计单位加以解释。基于建筑构件对设计文件的知识和良好准备，建筑构件负责人邀请设计人员、施工人员、监督人员、质量控制人员、测试人员、科研人员等参加图纸会审会议。设计单位的施工图纸主要用于体现设计目的、施工重点和具体要求。部门草案将在绘图会议上提出合理化建议，根据有关程序对草案进行修改或补充。

4. 编制施工组织设计和施工预算

施工期间的组织施工设计包括在投标前对组织设计文件的内容进行进一步的分析和研究，这是基于对设计文件、图纸和合同条款的详细研究。施工单位经常进行现场检查和审查，以更新和重新执行组织设计文件。组织设计文件通常由项目经理编写，并由公司的技术主管批准，其主要组成部分包括建筑概况和特征、平面图、施工和管理系统、施工方案和技术措施、施工质量保证方案、施工安全方案、土木工程方案、节能方案和配套施工措施等。

施工预算是由建筑公司起草的一份技术文件，目的是在施工预算的框架内加强建筑管理，计算施工工作所需的最大人员、材料和建筑设备的数量，并直接用于建筑生产。这些是基于建筑图纸的工作量、施工组织或施工计划的设计和技术配额编制的。它们的作用如下：

（1）建筑公司制定建筑计划、材料需求计划、劳动力使用计划，以及外部加工订货计划，进行配额管理和计划管理。

（2）发放施工许可证，实行经济类核算和奖励。

（3）根据审查和评价施工图的预算编制，以控制费用、分析经济活动和监管技术节约。

5. 组织先遣人员进场

先遣人员的主要任务是根据施工现场的实际情况，确定与生产、环境等有关的问题。在施工中遇到问题时，先遣进行相关的谈判、协议或合同摘要的联络、协调和签署，还必须及时与地方政府联系，以便获得建设援助。

（三）开工前的现场条件准备

1. 征地及拆迁
划定建筑区域，征地，拆除房屋、电信、管道等障碍。

2. 技术准备
测量建筑物、平整场地、建造实验室；现场水电站建设；设备的运输和安排。实现"三位一体"：土地修复、道路修复、水和电的修复。

3. 建立临时生活、生产设施
建造大型临时现场设施，如装配式场地、机械车间、沥青搅拌机、混凝土底座和搅拌机；安装和操作临时供水、电力、供暖和通信设备。

4. 施工人员、机具、材料进场
严格按进场计划安排人工、材料、机具的进场时间。一方面可以保证施工能顺利进行，另一方面可防止窝工。同时做好材料和机具的保管工作。

5. 提出开工报告
施工准备工作完成后，即可在合同规定的最后日期之前向监理部门提出开工报告。

（四）组织施工

1. 施工的基本要求
施工的基本要求有以下几个方面：
（1）按时间顺序和施工方式进行施工，并控制工作的时间、投资和质量。
（2）严格按图纸施工。
（3）要对逐道工序进行自检。

2. 施工文件内容
施工文件的内容如下：
（1）设计文件。
（2）施工规范和技术操作规程。
（3）各种定额。
（4）施工图预算。
（5）施工组织设计。
（6）工程质量标准和施工接收标准。

（五）竣工验收

道路桥梁工程的验收是全面设计和施工质量评估的重要组成部分，应包括以

下几个方面

1.竣工验收准备

根据设计要求完成施工项目后，施工单位必须自己先进行初步检验，即验收和检查。进行初步检验时，对情况进行全面调查，仔细审查各部门的工作，并确定任何偏离标准设计和接收要求的地方；起草原始记录、工程设计记录、材料测试记录等；提交初始报告并向主管部门报告。初始报告通常包括初步检验工作的组织，工程的摘要和工程完工的数量，每项工程质量的检查情况和质量状况，检验期间所查明的重大质量问题，如何解决未解决问题的看法和提交完工检验时所讨论的问题。

2.竣工验收工作

施工单位的所有工作完成后，经过初步确定，符合设计规格，并有相关建筑的文件时，应及时向高级管理层提出申请，以便进行管理验收工作。

验收和检查工作通常是由建筑部门组织和监督的。参与单位包括设计单位、建筑部门、控制部门、保管员和银行部门、有关的地方行政部门及接待委员会和检查委员会。在收到施工单位的工作报告和初步检查汇报之后，委员会将采取全面检查的办法，重新审查工作情况。必须对最初有争议的工程和重建工作（例如桥梁、隧道和大型建筑物）进行彻底的调查和检查。在高充填区、深沟区和陡坡区进行重点检查，例如对小桥、公共建筑、道路基础、排水系统等进行抽查。如有必要，可进行挖掘和取样。

验收工作以文件草案为依据，该文件草案根据相关国家法规对工作质量进行评估，并由合格工程师签署验收评估。需要返工的原因必须确定并提供建议，由施工方负责及时维修。

3.技术总结

在接收和检查工程后，施工单位必须对工程进行严格的技术评估，以不断改进和管理施工技术，总结经验教训，促进项目开发。需要对建筑部门使用的新技术和最重要的技术创新，以及在建筑管理、技术管理、工程质量和安全方面取得的成果进行专题总结。

4.建立技术档案

技术档案包括设计文件、施工草图、原始笔记、完成的工作文件、接待和检查材料、施工技术概况等。建筑部门在工作完成后，将这些文件汇编成一本书，并将其交给管理部门保存。有关机密作品的信息应遵守相应的保密义务。

三、案例分析

某公路工程开工前的准备工作情况如下。

（一）工程概况

高速公路项目 X 的主线长为 5.263 2km，行车速度为 100km/ 小时，四车道高速公路，宽为 26.0m；连接长度为 1.482 5km，行车速度按一级标准路线计算为 100km/ 小时，宽为 25.5m。合同段的长度为 6.745 7km。

本合同段包含下列工程项目：

（1）路基工程：场地清理、临时工程、土石方工程、排水和保护工程。

（2）桥梁建设项目：中型和小型桥梁、重叠和分散的桥梁、走廊、水道、人行桥等。

（3）道路工程：主干线、交叉坡道、主干道底线和路面铺设。

（4）沿线设施：道路修复、运河修复、壕沟修复和线路维修。

（二）施工组织机构

成立中铁 X 局 XX 高速公路工程指挥部，下设 7 个部室、4 个项目部，共划分 12 个施工工区，工区下设各专业作业队、制存梁场，如图 1-2 所示。

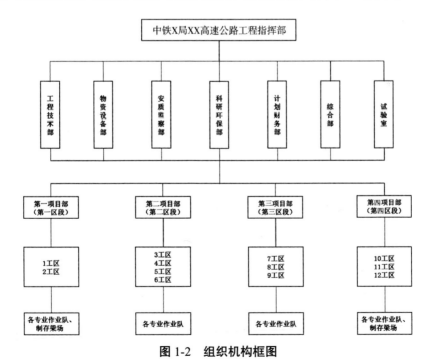

图 1-2 组织机构框图

（三）施工准备

1. 技术准备

（1）设计图纸复核。

在收到图纸后，所有工程师都组织起来修改图纸。仔细阅读设计文档，了解设计意图，确定设计内容，与以前的建筑研究进行比较，获得关于设计要求的准确信息，并撰写摘要。如果对计划草案有疑问，要与计划部门及时联系，以便得到明确的答复。在此基础上，制定行动计划和业务标准，为建设业务组织的设计铺平道路。

（2）导线控制网复核。

在合同授予后，测试团队将被派往现场，同设计单位一起，根据业主提供的关于施工地点和测量的信息来进行记录交付；对线路进行再次检测；把完整的测量结果提交给主管部门进行评估和批准，以便通过取样和测量基线来确定施工位置。

（3）建立试验室。

根据工程部的技术特点和工程项目的分布，计划在总部设立一个试验室进行测试和检查。试验室配备了具有广泛测试经验的全职工程师，并配备了适当的检验和测试设备。

（4）编制实施性施工组织设计和技术交底。

在合同授予后，管理人员和技术人员将进行全面的施工检查，主要包括：全面勘探、水文、气象、地形、地质、当地资源、建筑材料、水、土壤退化、临时工作条件等；根据研究结果和建筑图纸的审查和修订，聘请专家起草施工组织的设计，并将设计提交主管部门和业主批准；经主管部门和业主同意后，工程将按照设计图纸和施工规范进行。

（5）办理征、租地及拆迁手续。

在中标后，及时聘请工作人员尽快与当地行政主管部门联系，根据国家相关土地政策，协商解决征、租地及拆迁手续。所有生产和生活设施都要位于合理的位置内。

2. 施工队准备

抽调经验丰富、责任心强的管理人员及技术骨干组成指挥部，一周内在现场开始办公；抽调具有丰富的长大复杂隧道施工、特大桥施工、站场施工等经验的专业队伍组成施工队，根据进度要求分阶段进场。

3. 设备、材料准备

中标后急需的设备、仪器在 7 天内应运至工地，其他设备根据施工进度要求提前 10 天运至工地，并保证设备状况良好，确保正常施工。

4. 施工现场准备

施工现场的安排是按照"二短一快"的原则进行的，这意味着人员和设备到达时间短，准备时间短，正常生产能力快。现场准备的主要项目包括：电线检修、商业空间租赁、办公室、住宅、生产场地和设施、临时供水、临时电力、临时通信、临时通道、试验室的建成、试验设备的安装调试和洞口加固及洞口挖方施工等。

(四) 临时工程

1. 施工便道

根据现场施工需要，沿线路方向在地界范围内合理修建临时道路，使之与既有道路贯通，以便施工运输。

2. 施工用电

施工驻地、预制厂、拌和站、大桥、特大桥、隧道位置处的施工及生活用电接引地方电力贯通线（同时储备备用发电机），无引入条件的地区，采用发电机组发电。

3. 施工用水、生活用水

为建造和家用物品提供供水引入，没有引入条件的地区采取在施工驻地就地打井或汽车拉运的方式，并往各工点设储水罐储水。地表水用于工程前需做试验、过滤处理。

4. 临时通信

各施工驻地、预制厂、铺架基地分别通过当地电信部门接通程控电话。各主要施工负责人均须配备移动电话和无线对讲机，保证通信畅通，方便施工。

5. 临时房屋

根据劳动力计划，修建生活、办公临时用房，不足的部分租用既有房屋。除食堂、仓库等有特殊要求的房屋采取砖混结构外，其余均为活动板房或帐篷。临时房屋尽量设置在避风处。

6. 拌和站

本标段共设 30 座自动计量拌和站，其中桥涵作业队配置 20 座，隧道作业队配置 10 座。

7. 制梁基地

设置制梁基地 2 处。

8. 环保与水保

应根据"三同时"的原则与工程本体同时执行，提前做好环保与水保的规划、方案和措施，按程序报批。最大程度减少施工对环境的影响，坚持先批准、后施工的原则。

9. 防洪、防火

根据《中华人民共和国防洪法》，确立"强化基础，加强检查，消除隐患，以防为主，积极抢险"的防洪原则。

在指挥官的领导下，在现场建立一个指挥小组；施工现场需考虑防洪和雨水的要求，避免不利的地质条件，如坍塌、堆积和排水；在洪水期间加强与地方主管部门、水利气象部门的联系，以便随时了解天气情况。

防火要遵守"首先预防，然后结合消除"的原则。在开始工作前，对所有工作人员进行消防安全方面的培训，制定特别的消防措施，定期进行消防检查，并采取有效的防火和预防火灾措施。每年至少进行两次防火质量检查。

在临时设施的建设过程中，经当地消防部门批准，消防设备由消防部门检查后，包括灭火器和消防栓，可以正常投入使用。

在施工过程中，生产、生活场所和山地森林附近地区必须配备灭火器等消防设备，并张贴标志。在居民区周围的林区附近，特别是在油库、炸药库、物资仓库和变电站建立防火屏障，并积极与当地公安部门和消防部门合作，争取技术支持，共同做好消防工作。

第二章　道路桥梁工程建设施工常用设备

近年来，随着我国高质量道路建设的蓬勃发展，机械生产提供了大量性能良好的建筑设备。作为一名道路工程师，了解或控制施工机械的运行性能，做出正确的施工设备选择，以科学的方式组织和管理施工，对于提高施工效率是至关重要的。

第一节　桥梁施工常备式结构及应用

一、万能杆

万能杆是一种多功能杆，用于连接各种形式的脚手架或临时设施。它的可调弦用 120mm×12mm 的等边三角形钢制作，长为 2 050mm 和 2 650mm，它有 Φ28mm 的洞，50mm 的钻洞，分布在整个长度，钉线为 55mm，两肢背上的孔为错开式设计，目的是实现每增加或者减少 50mm 都可以进行调节。

肢背侧直角刨成一个圆弧，以适应与标准件的连接。连接板 B8、B11、B12、B13、B14、B26、B29 和 B43 用于调节段的控制。连接板是基于不同尺寸进行变化的，调整板上孔组中心线的相应角度随调节尺寸的变化而变化，板上斜杆端孔到力交汇点的距离也发生相应的变化，这样才能实现杆件的中心线与力作用线的重合。

调整杆所在的中心线长度等于调整杆两端孔之间的距离和调整杆两端孔与力交汇点之间的距离之和。每个调整板对应一个调整尺寸。同一规格的调节板可用于多种调节尺寸。同一调节杆也可用于多种调节尺寸。控制段连接板的弦杆中心线与垂直杆端孔中心线之间的距离为 110mm。调节段的垂直杆比标准杆短 20mm。

通用钢桩也称分钢脚手架，它可以组合成平台、起重机、塔吊或走道。它是桥梁、基座的建筑平台，如果有需要，还可以用作桥梁和桁架。通用杆易于拆卸和组装，易于运输，使用效率高，大大节省了安装所需的木材。当用通用杆安装桁架时，其高度可以是 2m、4m 和 2m 的倍数。当高度为 2m 时，腹杆是三角形的；在高度和宽度为 4m 的情况下，腹杆呈菱形；当高度超过 6m 时，腹杆可以形成多斜杆的形状。

桁架的承载能力应根据荷载极限和跨度来计算，计算方式如下：

（1）变更组成杆件的杆件数目。

（2）变更杆件的自由长度。

（3）变更桁架的高度。

（4）变更桁架的数目。

（5）变更杆件组拼的结构形式。

当用通用杆组装礅架和塔架时，柱与地面的距离可以完全相同，为 2m 的倍数。

二、脚手架

脚手架是指在施工现场为工人提供的各种支架，这些支架可以垂直运输，也可以水平运输，主要用于建筑工人的井下维护、周边安全网的维护、高空部件的装配等。脚手架是由竹子、木头、钢管或塑料等材料制成的。有些工程项目使用脚手架作为模板，广泛应用于广告、市政、路桥、矿山等。

（一）脚手架的分类

在很长一段时间里，事故的发生往往是由于工具本身的安装和结构技术，以及安全管理的使用不规范造成的。目前中国使用的钢管脚手架有扣件式钢管脚手架、碗扣式钢管脚手架、承插式钢管脚手架、门式脚手架、悬挂脚手架等。一般来说，它们可以分为以下几类。

1. 按杆件的材料划分

（1）单一规格的钢管脚手架。只使用一个规格的不锈钢管，如扣件式钢管脚手架，只使用 $\Phi 48mm \times 3.5mm$ 的电焊钢管。

（2）多尺寸钢管组合脚手架。由两个以上不同规格的钢管组成，如门式脚手架。

（3）脚手架以钢管为主。主钢管辅以其他钢条制成的脚手架，如内部带有槽钢顶或底座的脚手架、连接钢板的高架脚手架等。当碗扣式钢管脚手架采用钢管横杆时，为单钢管脚手架；当脚手架的横向梁上使用钢型材时，脚手架以钢管为主。

2. 按横杆与立杆之间的传递垂直力的方式划分

（1）力是通过接触表面的摩擦传递的，也就是说，紧固后的摩擦力支撑并传递到横梁上，就像扣件作用一样，通过加紧螺栓的正压产生摩擦力。

（2）通过焊接缝传递力。大多数交叉杆都是这样的，门架也采用的这种形式。

（3）直接承压传力。这种情况发生在横杆放置在立杆顶端的脚手架上。

（4）通过销杆抗剪来传力。通过销杆穿过横杆的立式连接板和立杆的孔来实现耦合，两端的销杆受剪切力的影响。这种方法在横杆和立杆之间的耦合中已经不多见了。

3. 按立杆与立杆之间的传力方式划分

（1）承插对接的支撑传力。对接上下立杆，使用连接杆或插管，以确保对接的良好状态。

（2）销杆连接的销杆抗剪传力。

（3）螺扣连接啮合力。通过内管的外螺纹与外管的内螺纹啮合传力。

后两种传递力的方式通常用于调整杆的垂直连接高度，按照连接件的固定位置和安装方式进行划分。

①定距连接：即连接到杆上的焊接距离设定，固定连接杆件的长度，固定连接点的距离。

②不确定连接：连接件是单杆件，可以用螺栓夹在杆件的任何部分。

4. 按工人固定结点的作业方式划分

（1）插入打紧。

（2）拧紧螺栓。

脚手架和模板支架可用于不同类型的工作。目前，桥梁支撑多使用的是碗扣脚手架或门式脚手架。脚手架的主要结构多采用扣件式，其中脚手架桩的垂直距离一般为 1.2～1.8m，水平距离一般为 0.9～1.5m。在进行脚手架中间的管道连接时，应确保地基是平的、坚实的，在地面设置底座和垫板，并采取可靠的排水措施，防止地基被积水浸泡。

根据连接杆的位置和负载的大小，使用开放的双线支架。双线支架的立柱高度一般为 1.05～1.55m，砌筑脚手架的楼梯高度一般为 1.20～1.35m，装饰或砌筑脚手架的高度一般为 1.80m，立柱长度为 1.2～2.0m，安装高度为 34～50m。

设置单行时，柱的横截面为 1.2 ～ 1.4m，柱的垂直长度为 1.5 ～ 2.0m，高度为 24m。纵向横梁应设置在长度不小于 3 跨的纵向横条内侧。纵向横梁可以用对接离合器或滑动来制作。当使用关闭按钮时，按钮必须放置在分散的位置；当使用卷筒连接时，卷筒的长度不得小于 1m，卷筒连接必须用 3 个旋转部分固定在等距上。

（二）脚手架的优缺点及适用范围

1. 门式脚手架

（1）优点。

①门管支架工程标准化。

②它结构良好，耐力很强，充分利用钢铁的力量，并具有很好的承载力。

③建筑工程顺利、高效，节省时间、安全可靠，节省成本。

（2）缺点。

①结构的大小不具有灵活性，结构的任何变化都必须放在其他类型的门架和附件上。

②交叉支撑易在中铰点处折断。

③定型脚手板较重。

④价格较贵。

（3）适用范围。

①构造定型脚手架。

②梁支撑（垂直荷载）。

③构造活动工作台。

2. 碗扣式钢管脚手架

（1）优点。

①多功能：单、双排脚手架、支撑柱、物料升降机、攀爬平台、悬架等，可根据具体施工要求进行组装，也可用于安装装置，如车间、材料棚、灯塔等，特别适用于安装曲面脚手架和重型支撑结构。

②高效：普通杆最长 3 130mm，重 17.07kg。整个拼拆的速度是平时的 3 ～ 5 倍，拼拆又快又省力。工人用锤子就可以完成所有工作，从而避免许多不便的螺栓工作。

③通用性强：主要部件采用普通脚手架钢管，可与普通钢管连接。

④承载能力强：立柱与主轴相连，横条与主轴靠碗扣接头连接，联轴器具有

可靠的抗弯性、剪切性和抗扭性。手柄的轴线固定在一个节点上，节点在框架平面上，框架结构坚固可靠，承载能力大，总承载能力增加，比在类似情况下的连接钢管支架的承载能力多 15% 左右。

⑤安全可靠：接头的设计考虑了上碗扣螺旋摩擦力和自重力，这使接头具有可靠的自锁能力。横梁上的荷载通过底部的碗扣接头传递到立柱上，立柱具有很高的抗切削性（最大 199kN）。上碗扣即使不被压住，横梁关节也不会松动，避免了事故的发生。脚手架配有安全网支架、夹杆、脚踏板、支撑板、梯子支架、墙壁支架和其他安全可靠的支架配件。

⑥方便操作：主构件用 $\Phi 48mm \times 3.5mm$、Q235 焊接钢管，生产过程简单、经济，无须复杂的加工设备，可直接适应现有的剪切类加工。

⑦不容易丢失：脚手架不会丢失，从而减少了不必要的损失。

⑧更少的维护：脚手架构件消除螺栓连接，构件抗冲击、防锈，一般不影响拆卸工作，无须特殊维护。

⑨管理简便：构件标准化，外表涂橙色，外观醒目、堆放整齐，便于现场材料管理，以及满足文明建筑的要求。

⑩运输方便：脚手架中最长的元件为 3 130mm，最重的元件为 40.53kg。

（2）缺点。

①对于不同尺寸的柱状杆，其立杆的上碗扣节点设置在 0.6m 的距离，从而破坏了结构的尺寸。

②U 形接头容易丢失。

③价格较贵。

（3）使用范围。

①脚手架、模具和其他支架。

②组装井字架。

③修建坡道、仓库、门廊和其他临时建筑。

④构造强力组合支撑柱。

⑤构筑承受横向力作用的支撑架。

三、贝雷梁

贝雷梁是构成一个特定单位的钢框架，它可以组装成一个由许多部件和设备组成的结构。贝雷梁长度和宽度通常是 $3m \times 1.5m$，主要是安装在钢梁上的，用来支撑结构。贝雷架之间是相互连接的，因此架设快速，非常灵活，在战争时期通常用于简单桥梁的架设，现在多用于工程施工，如人行桥、建筑平台、工程桥等。

贝雷梁有两种类型：国内 16Mn 钢的贝雷梁，销子用锰钢，插销用弹簧钢，焊条用 T505 型，桥板和车轮护盾用的松木或云杉。材料的允许荷载应增加至基本荷载的 30%，当单个钢筋的屈服强度超过上述规定时，不得超过单个钢筋屈服强度的 85%。进口贝雷梁材料的屈服强度为 351MPa，允许的应力可按 $0.7 \times 351 = 245.7$ MPa 来考虑。进口贝雷梁规定如下：

（1）桁架销的双剪切状态允许 550kN 的剪切力。

（2）钢梁螺栓的剪切力为 150kN，拉力为 80kN。

（3）摆动轮子的最大允许载荷为 210kN。

贝雷桥的主要特点是其各组成部分之间用销子或螺栓连接，易于拆卸，可以用简单的工具和较少劳力迅速建造，适用于战争期间的紧急维修。由于体积小的销子、螺栓、插销等是容易丢失的零部件，所以可以多准备一些，如果丢失，就立即添加，以免影响施工工作。

四、钢板桩

钢板桩是一种边缘部分带有联动装置，而且这种联动装置可以进行自由组合，能够形成一个连续的、密集的挡土或水的钢结构。

（一）钢板桩的应用

一些常见的钢板桩用于地质技术钻探工作，如堤坝、河流分流和控制、水处理系统的围栏、防洪墙、护堤、沿海屏障、河口、隧道掩体、防波堤、坡边固定和挡板墙等。

（二）使用钢板桩围栏的优点

可尽量减少废物处理的问题，无须挖掘，必要时可拆除；不受地貌和深水层影响；可使用常规钻探；可以在船上使用，无须另外安排地点。

（三）钢板桩围堰的介绍

钢板桩围堰是最常用的板桩围堰类型。钢板桩是一种钻孔型材，其横截面通常有直板形、沟槽形或 Z 形，有各种尺寸及联锁形式，通常有拉尔森式、拉克万纳式等。它的优点包括以下方面：坚韧性强，容易击破硬质层；可在深水中建造，必要时可斜体支撑形成一个围笼；可酌情构成各种外围堰，并且可以多次重复使用，因此钢板桩围堰的用途比较广泛。

（四）钢板桩施工流程

（1）施工准备工作：应在钻孔前关闭桩尖的沟槽孔，以防止土壤夯实，并在沟槽孔上涂上黄油或其他油脂。对于损坏、变形或生锈的钢杆，应进行补救。

（2）打桩流水段的划分。

（3）在打桩的过程中，两个经纬仪由两个方向控制，以确保钢梁垂直。

（4）先敲打几个钢架的位置，用来确定正确的位置，起到模板的作用，每敲打 1m 就测量一下深度，打到一定深度后，应立即用钢圈焊接。

第二节　桥梁施工常用的起重设备

一、架桥机

架桥机是一种将预制梁放置在预制柱子上的装置。架桥机属于起重机的范畴，其主要功能是升降梁。架桥机与一般的起重机有很大的不同。架桥机可分为不同的类型：道路桥机、常规铁路桥机和客运专用铁路桥机。

我国有三种类型的架桥机，主要用于钢筋的分片架设或预应力混凝土梁。

（一）折叠单梁式架桥机

折叠单梁式架桥机是一种桥梁施工机械，其臂是箱形梁，向前悬挂，前面有一个可折叠的立柱（由左右两脚杆组成）。当梁的一部分（或整个梁）沿臂移动时，臂接近支撑梁的状态。在桥接的情况下，机器可以在没有负载的情况下在桥上独立运行。通过一个特殊的门升降机将梁从铁路车厢转移到特殊的梁上，这些梁和架桥机相互靠在一起，两根梁被吊到架桥机的吊杆上，沿着吊杆向下移动。为了适应弯曲的桥梁，机器的悬臂可以在水平面上做一个小的摆动。梁的安装方式与双悬臂桥相同（移动梁或拨道）。折叠单梁式架桥机的优点是消除了平衡重量，不再需要机车上推，不需要桥头分叉线，机械化程度提高，安全性能提高。起重重量为 130 t 的胜利架桥机就是这种类别。

（二）双悬臂式架桥机

苏联是最早使用这种桥梁建筑机械的国家。双悬臂式架桥机的前臂和后臂都装有钢梁，它的起重能力分为 45 t 和 80 t。后来，双臂被转换成构架，起重能力增加到 130 t。这种类型的桥接机构不能单独使用，需要来自机车的压力。前臂用于提升梁，后臂用于承载配重，前臂和后臂不能在水平面上摆动。架桥的时候，通常需要将特制的 80 t 小平车放在架桥的前臂钩下（所谓的进给梁）。架桥机抬高梁后，轴的重量增加，而桥头的新堤坝相对较软，因此，在行车地段应采用一些加固的措施。

（三）双梁式架桥机

双梁式架桥机分为红旗型架桥机和燎原型架桥机，它们都是吊重为 130 t 的架桥机。双梁式架桥机的吊臂由两根左右的横梁组成，横梁穿过机身并向前后端伸出。两端都有两腿杆组成的可折叠柱子。红旗型架桥机的两根梁之间的平均距离为 3.4m，燎原型架桥机的两根梁之间的平均距离为 4.8m。两根横梁可以通过两根箱梁沿臂纵向移动。提升梁小车放置在桁车上，可沿桁车横向移动。要安装的梁（或整个梁）可以直接安装在桥层的后臂下。用提升梁小车提升后，梁向前移动，然后用提升梁小车水平移动。

这些架桥机可在前部和后部升起梁或落梁，不需要改变横梁的方向；为了适应曲线架梁，架桥机的前臂和后臂可以在水平面内移动；可将横梁放置在固定位置，而无须使横梁移动；梁的输送也不需要桥叉线或特殊的运梁卡车。

除了上述常用的架桥机外，施工方还可根据要求建造多个临时的架桥机。就像在九江大桥南岸引桥施工中一样，制造了一台可吊重 300 t 的架桥机。一些建筑单位也经常用钢基座、可拆卸梁或军用梁等组成架桥机，以按时完成桥梁任务。

二、千斤顶与缆索起重机

（一）起重千斤顶

千斤顶是最简单的提升工具，提升高度小于 1m，它分为机械式和液压式两种。机械千斤顶又分为齿条式和螺旋式。由于其提升重量轻，操作力大，一般仅用于机械维修，不适用于桥梁维修。液压千斤顶结构紧凑，工作平稳，具有自锁功能，它的缺点是提升高度有限，提升速度低。千斤顶主要用于工业、采矿、运输等行业，如车辆维修、起重、支撑等。它是轻便、灵活和可靠的，可以由一个人携带和操作，是一个被广泛使用的工具。

（二）缆索起重机

缆索起重机通常用于在大跨度或跨越山谷、河流等之间吊运重物。它由两个支架和支架之间的钢索组成。由于缆索起重机的工作面积大，地形对起重设备的影响小，它被广泛应用于山区和峡谷，因此，缆索起重机广泛应用于桥梁建设。

缆索起重机是一种使用牵引绳的起重机，它被拉在主副塔之间，用于运送重物。它适用于复杂和困难的建筑工地，如低洼地区的土方工程、水坝、河流、山谷等地区的材料运输。在主塔和副塔之间拉一根拉绳，作为载重小车的轨道，牵引机构牵引载重小车在牵引绳上来回行驶运输材料。升降机构上下运动，用于提升物料。主副塔的运行机构，使主副塔在地面轨道上同步运行，其工作机构由主塔内的操作员室进行控制。

为了防止升降和牵引电缆相互干扰，每隔一段距离用牵引夹固定。为了悬挂牵引夹，在两个塔架之间设置一个特殊的索具，按索具的大小排列，牵引夹上有相应大小的孔，载重小车装有长矛座杆。当载重小车从主塔移动到副塔时，载重小车左侧的牵引夹将依次停留在节点上，而右侧的牵引夹将一个接一个地收集到长矛座杆上。副塔架通常采用配重悬臂结构，使承重电缆保持一定的张力。

根据不同要求，缆索起重机分为固定式、辐射式和行走式。固定式缆索起重机的主副塔架是固定的，只在载荷的一条线上运作。辐射式缆索起重机的主塔结构是固定的，不能移动，沿圆弧轨道运行，并扩大到扇形的空间作业。行走式缆索起重机的主副塔架在地面上，有很大的工作区域。

缆索起重机具有良好的信号指示器和安全装置，操作员在操作员室内使用指示器进行远程控制。指示器显示了在任何时间点重物的垂直位置和水平位置，确保了起重机的正常和可靠运行，即使在雾蒙蒙的天气条件下也是如此。

缆索起重机由塔吊、承重装置、驱动装置、电气系统和安全装置组成。固定式支架是缆索起重机的支撑物；承重装置由承重钢丝绳、承重带、钢丝固定控制装置及载重小车等组成；缆索起重机的驱动装置包括吊钩升降机构、载重小车行走机构和塔吊行走机构；缆索起重机由几个独立的直流电机驱动。

三、滑车组与卷扬机

（一）滑车组

滑车组由一定数量的固定车辆、滑动车辆和绳索组成。

根据滑车组的方向不同，可以分为以下三类：跑头自动滑车引出、跑头自定滑车引出、双联滑车引出。

跑头自动滑车引出：力的方向与重物的运动方向相对应。

跑头自定滑车引出：力的方向与重物移动的方向相反。

双联滑车引出：有两个运行头，两个卷轴机可同时牵引。它的优点是速度快，负载更平衡，在运行过程中没有倾斜。

滑车组的绳索有普通穿法和花穿法。普通穿法是先从一边的滑轮开始，然后穿过中间的滑轮，最后穿过另一边的滑轮。这种穿法的滑车组在工作时，绳索两侧的牵引力有很大的差异，滑车在工作时不平稳，很可能发生自锁现象（即重物不能靠自身的重量下降）。花穿法是从中间滑轮运行，两边电缆的牵引力差异较小，因此，在使用"三个三个"或更多的花滑车组时使用花穿法。

滑车组的使用方法如下：

（1）在使用前应确定允许载重，检查滑车部件，以确定是否有裂缝或损坏，滑轮是否灵活等。

（2）滑车固定装置后，应慢慢拧紧绳索，检查各部分是否正常，如有问题，应立即纠正。

（3）滑车吊钩（或吊环）的中心应与滑车机的重心成一条垂直线，以防止提升机在提升后不平稳，滑车组上下滑车之间的最小距离通常为 700 ～ 1 200mm。

（4）滑车应在使用前和使用后清洗，并加燃料，以减少磨损和防止腐蚀。

（二）卷扬机

卷扬机（也称绞车）是一种由人力或机械驱动的卷筒驱动装置，是一种用牵引缠绕绳牵引的工作装置。它能垂直提升、水平提升或倾斜提升重物。卷扬机分为手动卷扬机和电动卷扬机。电动卷扬机由一个电动卷筒主导，它由电动机、离合器、刹车、变速箱和卷筒组成，它们都安装在框架内。

卷扬机的吨位通常是：0.3t、0.5t、1t、1.5t、2t、3t、5t、6t、8t、10t、15t、20t、25t、30t。其中大型液压双筒双制动卷扬机、变频带限位器绳槽的卷扬机的常见型号有：JK0.5—JK5 单卷筒快速卷扬机，JK0.5—JK12.5 单卷筒慢速卷扬机，JKL1.6—JKL5 溜放型快速卷扬机，JML5、JML6、JML10 溜放型打桩用卷扬机，2JK2—2JML10 双卷筒卷扬机，JT800、JT700 型防爆提升卷扬机，JK0.3—JK15 电控卷扬机。

卷扬机使用时的注意事项如下：

（1）卷轴上的钢丝应组织严密，如出现干扰或倾斜偏差，必须关闭。卷扬机在转动时禁止手脚碰钢丝，绳索不应完全释放，且应保留至少三个周期。

（2）钢丝绳不应捆绑或包扎，如果间隔超过 10%，应立即更换。

（3）在操作过程中，任何人不得越过钢丝绳，在搬运物件后，操作者不得离开卷扬机，在休息期间必须将物件或吊笼放在地面上。

（4）在操作中，驾驶员和信号员必须与吊起物品保持良好的能见度，他们密切配合，服从领导指挥。

（5）如果在作业过程中出现停电，应切断电源，并将提升物拉到地面上。

（6）在工作过程中，应跟踪指挥人员的信号，如果信号不明确或可能发生事故，则应暂停行动，直至查明情况。

（7）在操作过程中如果突然断电，应立即拉开闸刀，放下电源。

（8）作业结束后，应将储存盘卸下并关闭电箱。

（9）钢丝绳在使用的时候很容易与机械发生磨损，不可避免地自然腐蚀局部或者损坏，所以应该定期刷保护机油。

（10）禁止超负荷承载。

四、龙门起重机

龙门起重机是一种桥式起重机，其水平轴安装在两个外伸臂上，形成门式形状。龙门起重机在地面轨道上运行，主要用于在露天场地、港口、发电厂和火车站等地点进行装卸和安装作业。

龙门起重机的升降机构、运行机构和桥式结构与桥式起重机基本相同。

由于跨度大，起重机的运行机构通常是单独驱动的，以防止起重机倾斜，从而增加阻力，甚至造成事故。桥架两边的支架通常是刚性的；在许多情况下，桥架的一边固定在 30m 以上的刚性支架上，而桥架的另一边则通过柔性支架固定在松动的支架上。为了防止风力滑动或翻倒，在操作装置上安装了风力起重机夹。桥架两端可无吊臂，也可以在一端或两端有悬臂，以扩大工作范围。半龙门式起重机的一侧有外伸臂，另一侧没有外伸臂，可以直接在平台上运行。

（一）龙门起重机类型

（1）普通的龙门起重机：可以运输各种货物和散装材料，初始重量小于100 t，跨度为 4～35m。

（2）水电站龙门起重机：主要用于升降、开锁和关闭闸门，也用于安装工作。它的初始重量 80～500 t，跨度 8～16m；提升速度低，一般为 1～5m/min。这种起重机虽然不常吊运，但使用起来很重。

（3）造船龙门起重机：用于将船体安装在船台上，在任何时候都有两辆升降车，一辆有两个主钩，安装在桥面上翼缘的栏杆上；另一辆由一个主钩和一个副钩组成，沿着桥的下翼边缘的轨道运行，以便旋转和提升大的机身部分。它的提升重量一般为 100～1500t，跨度为 185m，提升速度为 2～15m/min，微动速度为 0.1～0.5m/min。

（4）集装箱龙门起重机：用于集装箱码头。拖车将集装箱承重桥从船舶运输到仓库或后方，可以通过堆垛或直接装载集装箱来加速集装箱承重桥或其他起重机的周转。它的存放高度为 3 至 4 层、宽度为 6 排集装箱的地方。集装箱龙门起重机在跨度方面和集装箱跨车相比，它的跨度更大。集装箱起重机有更高的工作位置，以适应港口码头的运输需求。它的提升速度为 8～10m/min；其跨度是根据需要桥接的集装箱行数来确定的，最大跨度约为 60m。

（二）龙门起重机安全注意事项

（1）当举起重物时，钢索应垂直，不得斜拖被吊物体。

（2）吊起的重物要找重心，带子要捆结实，把磨砂木的尖角弄好。

（3）起重机不能在地面的重物前旋转。

（4）重物升起或下降时，其速度必须保持稳定，避免速度发生急剧变化，发生危险。当沉重的东西落下时，它的速度不应该太快，以免落地时摔坏重物。

（5）起重机尽量避免在起重时跌落吊杆。吊起物品的重量不得超过规定重量的 50%。

（6）当起重机有起重能力时，必须确保附近没有障碍物。如果有障碍物，应该尽量避开或清除它们。

（7）任何人不得停留在起重机下，尽可能避免人员通过。

（8）在同一轨道上，两架起重机在 3m 以上的距离运行。

（9）当两台起重机同时吊起一个物体时，起重重量不得超过两台起重机总起重重量的 75%，两台起重机必须始终如一地运行和吊起。

（10）起重、绳索应每周检查一次，并有充分的文件证明，具体要求应按照起重、绳索的规定进行。

（11）空车行驶或旋转时，起重机必须离地面 2m 以上。

（12）当风力超过六级时，应立即停止工作，将吊杆转向有利的风向，并适当降低吊钩。龙门起重机必须将铁楔（轨道制动器）固定好，并将吊钩固定在顶部。同时关闭门窗，关闭电源，拔掉电缆。平时在正常工作完成后也要这样操作。

（13）严禁在起重机平台上堆放垃圾，以防在工作过程中发生坠落。经常使用的工具必须放在操作区域的一个工具箱中。

（14）在驾驶过程中，不允许突然改变速度或倒车，以防止重物摆动，也不允许同时操作两个以上部件（包括辅助吊钩）。

（15）在驾驶时，操作员不得离开控制器，如果出现突然故障，应采取措施，确保重型物体安全着陆，然后切断电源并进行修理。禁止在操作中进行维修。

第三节　混凝土施工设备及其应用

一、混凝土搅拌机

混凝土搅拌机是将水泥、沙子和水混合的机器。它主要包括混合管道、装卸设施、供水系统、推进器、运输代理、货架和装卸设备。按工作性质分为分批式和连续式；根据搅拌原理分为自落式和强制式；根据安装方式分为固定式和移动式；根据排水方式分为倾斜式和非倾斜式；根据搅拌鼓的结构，可分为分裂式、鼓杆式、双锥式、碟形式和旋转轴式。

自落式混凝土搅拌机的搅拌桶内壁有径向放置的搅拌叶片。在工作过程中，搅拌机围绕其水平轴旋转，将材料加入搅拌机中，叶片提升到一定高度后，根据自身重量下降，从而开始运动，达到均匀搅拌的结果。自落式混凝土搅拌机结构简单，通常以混合塑料混凝土为主。

搅拌桶内混凝土搅拌机的坚固的转子臂装有搅拌叶片。材料被添加到搅拌桶中，物料的交叉点是由搅拌叶片的强大运动形成的。这种混合方法比自干混合方法更有效，特别适用于干硬混凝土的混合。

连续式的混凝土搅拌器中有螺旋形芯片，每一种材料都按照数量配比放入搅拌机中，搅拌好的混凝土将从集料的一侧排出。这种搅拌机用时短，工作效率高。

随着混凝土材料的发展，又出现了一些新的混凝土搅拌机，如蒸汽加热搅拌机、超临界转子搅拌机、声波搅拌机和二次混凝土搅拌机。

二、混凝土搅拌站

混凝土搅拌站主要由五个系统组成，包括一个搅拌机、材料测量系统、材料运输系统、材料储存系统、控制系统和其他辅助设施。

连续搅拌站工艺：开始生产后，每一种材料均按搅拌机均匀进料的顺序，开始配料的均匀加工，达到搅拌同步；各种材料的进口比例与混合器的进口比例相同；搅拌机将材料混合在一起，从进口到出口，材料就变成了成品。在生产到预定的数量后，搅拌机的输入端停止。从生产开始到生产结束，配料、搅拌、驱动和排水都是连续进行的。

连续式搅拌站的特点：主机运行平稳，材料在相对较长的时间内均匀地放入搅拌机里，最终产品在车内运行平稳；它占用更少的空间，减少了集料的储存，耐磨部件磨损小，搅拌平稳。

连续强制式水泥混凝土搅拌站的优势：高产量、高效率、连续有规律地运行，单台机器在连续搅拌站的产量高；混合均匀，搅拌机中的混合物都是一种均匀的材料；无漏浆，磨损小，连续混合器进给端为干料混合，轴端为倒螺旋；此外，搅拌机不需要耐用材料，也没有故障的发生，而且各搅拌机厂的所有设备都不超过 1/7 至 1/3，因此设备寿命较长。

间歇式搅拌站系统组成：搅拌系统为国外关键元件多维组装的两室轴搅拌机；测量系统和骨料测量：标准型采用增量测量，采用电子秤减量法计量；粉末计量：置于搅拌机上方的是水泥计量和粉煤灰计量桶，标准搅拌站通过交流触点调节提升螺旋，无精细分配装置，改进版的搅拌站采用变频器，用于原料的粗、细混合；水计量：采用 3 点悬浮液称重机构，配有粗、细分布电路等设备，保证测量精度；添加剂计量：采用传感器负载的直接作用，配有粗、细分布电路，计量箱和管道单独布置，保证计量精度。除尘装置由独立的中央除尘装置集中处理，具有良好的除尘性能，避免了混合器箱内形成负压，影响粉料的计量精度。

三、混凝土输送泵和混凝土水泵

混凝土输送泵（又称混凝土泵），由水泵和管道组成，是一种利用压力通过管道连续输送混凝土的机器，主要用于建造房屋、桥梁和隧道。目前，主要分为混凝土阀门运输泵和车辆底盘上泵。混凝土运输设备被广泛用于为高楼、高速公路和高速桥等大型混凝土项目运输混凝土。

混凝土输送泵性能特点如下：

（1）使用三泵系统，液压回路不干扰。

（2）它具有反向泵输送功能，有助于及时排除堵塞故障，可以在短时间内待机关闭。

（3）采用先进的 5 管分布阀，可自动补偿磨损间隙，密封性能良好。

（4）具有耐磨合金板和浮动切割环，使用寿命长。

（5）材料缸的长行程延长了材料缸和活塞的使用寿命。

（6）设计简化了清洗过程，提高了材料的吸力。

（7）自动中央润滑系统保证了机器运行时的有效润滑。

（8）远程操作，使其更安全、更方便。

混凝土水泵是使用压力不断通过管道输送混凝土的机器。混凝土水泵在载车辆的车架上进行了调整，例如安装振动器和动态装置、泵送和搅拌装置、布料装置和其他辅助装置。混凝土水泵将发动机能量转移到液压水泵或后桥，在后桥上，液压水泵带动混凝土水泵工作，然后利用泵车上的布杆和管道将混凝土输送到特定高度和距离。

四、混凝土振捣设备

混凝土振动装置根据振动的方式分为内部振动器和外部振动器。

（一）内部振动器

内部振动器（又称振动装置）主要用于覆盖浇基础设施、柱子、支架、墙壁等的混凝土。在混凝土中安装内部振动器时，振动棒垂直放置在混凝土中，振动棒插入混凝土下层 50mm，以便将上下两层的混凝土混合成一个整体。振动运动之间的距离不应超过活动半径的 1.5 倍，振动器距离模板不应大于振动器活动半径的一半，振动器应避免碰到钢丝、模具、芯管、吊床或初始填埋场。

（二）外部式振动器

外部振动器（又称平板振动），安装在预制构件的底部或部件上，在混凝土结构表面振捣时，振动可通过振动装置底板传递给混凝土。振动装置底板在使用时接触混凝土，粘在混凝土上，使水泥不会沉没，然后移到下一个位置。平板振动装置和紧凑的振动装置之间的距离必须能够覆盖提升边缘。

第四节　预应力张拉设备及其应用

一、预应力千斤顶

预应力千斤顶是一种特殊的千斤顶。预应力千斤顶通常与高压油泵一起使用。张拉整体结构的动力是由高压油泵的高压油提供的。预应力千斤顶结构紧凑，工作平稳，油压高，张力高。它们通常用于预应力结构工程，如公路桥梁、铁路桥、水坝和高层建筑等。

预应力千斤顶使用的注意事项如下：

（1）千斤顶的参数在使用前应仔细检查，避免因过压而过载。张拉前应该整体检查油泵内的油量，将千斤顶放空几次，将千斤顶和油管内的空气都排空。

（2）前轴千斤顶主要用于第一个张拉整体和单张拉整体；普通的硬穿孔千斤顶主要用于张拉整体结构。在安装锚和千斤顶时，张拉的线条必须在张拉整体上重合；在曲线预应力杆上，张拉的作用线应与孔端中心的切线重合。张拉的时候，预应力筋从工作锚、限位板、千斤顶中间穿透。预应力杆的张拉整体结构必须符合设计要求。

二、锚具类型及应用

预应力混凝土中的永久锚具指的是最后结构或部件中的锚具，它可以保持耐力，并将其输送到混凝土中，也称为预应力锚具。

锚具根据使用形式可分为两大类。

（1）张拉端锚具：是一种锚固工具，安装在预应力钢带的末端，在预应力钢带的拉伸过程中始终保持可锚固。张拉整体结构也可分为：张拉预应力钢丝的张拉锚（YJM）、张拉钢丝的钢锥锚（GZM）、张拉钢丝的端头锚（DM）、张拉细轧钢丝的螺母（YGM）、张拉多线平行钢丝的冷铸头锚（LZM）等。

（2）固定端锚：安装在预应力带的末端，通常嵌入混凝土中，没有张拉整体结构，也称为挤压锚或 P 锚。

应用领域：公路、桥梁、铁路和立交桥、城市高楼建筑、水电大坝、码头、岩壁锚固、地基加固、隧道矿顶锚顶预应力网、地铁、大厅、仓库、塔楼、重型起重、系统间歇性推进、桥梁隧道顶压、大型集装箱和船舶、轨枕、桥梁支架、桥梁和建筑物的加固、钢的加固、抗磁性和防腐工程（纤维锚）、碳的加固、外预应力工程的第一梁的建造、索具、悬挂索等。

目前国内的标准是：M15-N 锚，M13-N 锚。

施工安全注意事项如下：

（1）切割预应力钢筋时，建议切割砂轮，不要切割电弧。

（2）铜张紧器的切割装置应剪断，捆扎成捆，这样可以不受干扰。绞合压纹锚定在绞合线的末端，必须用支撑板和螺旋带进行预组装。

（3）预应力设备和仪表应定期维护和校准。

（4）预应力张拉前，应提供混凝土强度报告。只有当混凝土的抗压强度符合设计要求，且不低于设计强度的 75% 时，才能使用预应力。

（5）预应力张拉前，应清洁支撑板的表面，并检查支撑板后面的混凝土质量。如果混凝土中有空隙，应使用环氧砂浆进行张拉整体结构的修补。

（6）安装铺具时，板材应对正，夹紧。均匀放置，但不要太硬，以免夹紧断裂。

（7）大吨位预应力筋张拉前，必须检查张拉整体结构是否合理，是否正常，是否有裂缝。必要时确定实际的抛光损失。不要使用任何带有小千斤顶的张拉整体结构，以防不必要的预应力损失。当张拉整体结构时，操作者必须处于安全的位置，并得到适当的保护。注意，操作者张拉时不能站在张拉整体的前面。

（8）对于张拉整体结构，预加载必须从 0 开始加载到测量值，然后逐步加载到所需的张拉整体结构。

（9）实际伸长率与计算伸长率之间的允许偏差为 -5% ～ +10%。如果超过这个值，张拉整体结构将被暂停，只有在调整措施后才能继续张拉整体结构；如果伸长太小，可以使用超张拉整体结构，但张拉整体结构不能超过 0.8MPa；超张拉回松技术可以通过多波曲线预紧来改善内脚踏板的张拉应力，减少后锚固孔下开口的张拉应力。

（10）多孔接缝应密闭，泥浆强度不得低于 C30。

（11）连接到连接器的多跨连续预应力筋的孔道灌浆，必须在张拉完一跨之后，再灌注一跨，不能在所有跨张拉完后一次灌浆。

（12）锚具设备的宽度不得小于30mm，锚具设备在关闭时受混凝土保护。锚具在长期外露的时候，应该采取适当的措施，防止生锈；如果钢架上生锈，应该从吊绞架上和外端去除生锈和污垢，避免污垢填满夹片槽而造成滑丝。

（13）工具夹是三件式的，工作夹是两件式的，两者不能混合。工作锚不能用作工具锚，也不能重复使用。

三、油泵车

油泵车是卸货设备的关键，它与液压系统的液压起重机一起构成液压系统回路，为泵起重机操作高压油，并控制起重机的移动。

油泵的类型如下：

（1）定向油泵，主要用于高压输送定向油。

（2）汽油泵，为汽车提供足够的燃料系统压力。

（3）波箱油泵，确保自动波箱管有足够的压力。

（4）机器油泵，确保发动机润滑系统有足够的油压。

第五节　道路工程常用的施工机械设备

一、铲土运输机械

铲土运输机分为五类：推土机、装载机、铲运机、平地机和矿用载重自卸车。矿用载重自卸车分为翻斗车、清除机。

推土机：机械履带式推土机、液压履带式推土机、液压轮胎推土机。

装载机：机械履带式装载机、液压履带式装载机、液压轮胎装载机、隧道式轮胎装载机。

铲运机：自推进轮铲运机、自动履带铲运机、链式板轮铲运机、双电机轮铲运机、拖式机械铲运机、拖式液压铲运机。

平地机：机械平地机、液压平地机、牵引平地机。

翻斗车：前轮和后轮重力翻斗车、液压翻斗车、铰接式液压翻斗车。

清除机：除根机、除荆机。

（一）推土机

推土机是一种工程车辆，它的前面有一个大的金属推土刀，当使用推土机时，放下来的推土刀让推土机向前铲削和推泥土、沙子和石头等。推土刀的位置和角度都是可调节的。推土机能挖掘、运输和清除土地，其特点是：具有流动性、工作量小、速度快。推土机主要适用于第一至三类土壤的浅坑作业，如场地清理或准备、低深度钻探、填平人行道和建造低路基等。推土机可以分为履带式推土机和轮胎式推土机。

履带式推土机牵引力大，接地压力低（0.04～0.13MPa），爬坡能力高，但行驶速度低。轮胎式推土机移动速度快，工作灵活，工作时间短，运输方便，但牵引力小，适用于需要定期更换位置和现场工作的情况。

传动履带式推土机可分为通用型和专用型。通用型推土机是标准生产的类型，广泛用于土石方项目。专用型推土机主要适用于特定的工作场合，它的型号有三角宽履带沼泽地推土机、水陆推土机、水下推土机、驾驶室推土机、自动推土机、高原推土机以及在高湿度条件下工作的推土机等。

（二）平地机

平地机是土方工程中最重要的成型和平整设备，用于平整地面的土方机械，在机械前轴和后轴之间安装刮板，可以升降、倾斜、旋转和支撑。平地机的动作灵活、准确，容易操纵，在平整的场地精度高，适用于建造路基和路面，修建斜坡，挖沟，也适用于混合的路面上的混合料、清除推雪，推送松散的材料和运行维护石路和土路。它广泛用于道路和机场等大型区域。

平地机是一种高速、高效、精确和多功能的地面工程装置，可平整大面积土壤、开挖沟、刮坡、推土方、排水、松弛、压实、布料、混合、助装、拆除等，是国防工程、矿山、道路建设、水利工程、农地改善的重要设备。

（三）铲运机

铲运机是一种集挖掘、运输、卸载、充填、平整土壤于一体的机器。根据铲运机控制系统的不同，分为液压式和索式。铲运机使用灵活，不考虑地形的限制。

（四）翻斗车

翻斗车是一种特殊的料斗车辆，它可以在短距离内倾斜货物，以便将材料运输到装有料斗承载能力的车辆上，适用于建筑、水利、道路建设、矿山等行业，用来进行混凝土、砂石、石材、泥土、煤炭、矿石等各种散装材料的短距离运输，具有强大的动力，通常具有机械回斗功能。

翻斗车由料斗和运行底盘组成，料斗安装在轮胎运行底盘的前部，通过重力或液压推力将材料倾斜到桶中。卸料方式多种多样：前倾、旋转、侧倾、高枢轴卸料（卸料高度）、提升卸料（卸料高度可任意调节）。为了适应路况，避免材料散落，并确保装载的准确性、速度和操作效率以及崎岖不平的地形和攀登能力，翻斗车的速度不能太快（通常为 20km/h）。前轴驱动的翻斗车适用于短时间运输沙子、石头、灰浆、砖、混凝土和其他材料。

二、挖掘机与装载机

(一) 挖掘机

挖掘机也被称为挖掘机械，是一种土方机械，它用铲斗在挖掘机的上方或下方挖掘材料，然后将其装入运输车辆或倾倒在垃圾场。挖掘材料主要由土壤、煤、污泥、岩石组成。

常见的挖掘机结构包括动力和工作装置、回转、操纵、传动和行走机构，以及辅助设施。挖掘机的外部由三部分组成：工作装置、上转盘和运行机构。根据结构和用途，可分为履带、轮胎、踏板、全液压、半液压、全回转、非全回转、通用、特殊、铰接、伸缩臂式等多种类型。

普通驱动挖掘机有两种类型：内燃机驱动挖掘机和电动挖掘机，其中电动挖掘机主要用于地下缺氧地区和其他一些易燃易爆场所。

根据行走方式的不同，挖掘机可分为履带式挖掘机和轮式挖掘机。

根据传动方式的不同，挖掘机可分为液压挖掘机和机械挖掘机，机械挖掘机主要用于一些大型矿山。

挖掘机又可分为通用挖掘机、矿山挖掘机、船舶挖掘机、特种挖掘机等不同类别。

根据铲斗来分，挖掘机还可以分为前铲式、反铲式、拉铲式和抓铲式。前铲式挖掘机主要用于挖掘地表以上的材料，反铲式挖掘机主要用于挖掘地表以下的材料。

（二）装载机

装载机广泛应用于公路、铁路、建筑、水电、港口、矿山等建筑工程。它主要铲装松散的材料，如土壤、沙子、石灰和煤，也可用于轻挖矿石、硬地等。在道路上，特别是在高级道路建设中，装载机用于道路充填、沥青混合物、水泥混凝土搅拌、集料和装载等工作，以及地面推力和运输、地面刮除、牵引等工作。

由于装载机具有运行速度快、效率高、机动性好、操作方便等优点，装载机是土木工程中最重要的机械之一。

按发动机功率分类的传统单斗装载机主要有：中型装载机的功率为74～147kW；大型装载机的功率为147～515kW；大型装载机的功率大于515kW。

三、工程运输车辆

工程运输车辆主要是卸货的车辆，即通过液压或机械压力自行卸货的车辆，也称为翻斗车。它由车辆底盘、液压升降机、充电容器和拉动装置等组成。

土建自卸车通常与挖掘机、装载机、传送带和其他建筑设备相结合，形成装卸线、运输线和卸载线，进行装卸沙子、石头和散装物料。

按品牌分类，工程运输车辆可分为东风卸货车、解放卸货车、欧曼卸货车、红色岩石卸货车等。

按形状分类，工程运输车辆可分为桥式自卸车、双桥式自卸车、平顶自卸车、尖式自卸车、前四后八自卸车、双桥式半自卸车、三桥式半自卸车。

根据升降液压缸与车厢连接的形状进行分类，工程运输车辆可分为直接倾斜机构、倾斜机构与杠杆。

按用途分类，工程运输车辆可分为农业卸货卡车、矿山卸货卡车、垃圾卸货卡车、煤炭运输卸货卡车、机械卸货卡车和废渣卸货卡车。

根据不同的驾驶模式，工程运输车辆分为6×4、8×4自卸和半挂卡车。

根据用途，工程运输车辆可分为矿山自卸车、矿山运输用的砂石自卸车、卫生景观自卸车、垃圾运输自卸车等。

根据汽车车厢翻动的方向，工程运输车辆可分为前举式自卸车和侧翻式自卸车。

目前，有双向侧翻翻车机主要用于建筑行业。

四、压实机械

压实机是一种利用机械力填满土壤、碎石和其他土方的机械，广泛应用于货运公路、机场、堤坝等基础工程中。压实机按工作原理分为冲击式、振动式、组合作用式等。

振动压路机利用车轮的重力作用振动，使涂层永久变形和压实。碾压分为轻碾、沟槽碾、羊足碾和轮胎碾。轻碾压实表面光滑，使用最广泛，适用于各种路面、平面、广场的压实。沟槽碾和羊足碾单位具有高压和厚压实的特点，适用于道路和堤坝的压实。轮胎压路机的轮胎气压可以调整，以增加压力的重量和压力的单位。压实过程具有摩擦效应，使压实层均匀致密，不损伤路面，适用于压实垫层，如路面面积。

冲击压实机是在机械压实地面冲击的基础上，利用火压实机二冲程电机的工作原理，与离心力压实机一起工作。冲压厚度较大，适用于小面积和孔的冲压。

振动压缩机能调节水共振的材料颗粒，例如压动活塞等。这些系统的特点是振动频率很高，并且更有效地挤压不粘的软硬石，如沙子、砾石等。

组合作用压路机有振动压路机的振动作用、破碎作用和轧制路径冲击压力的冲击等。

五、半刚性基层材料拌和机械

半刚性基层材料拌合机械主要有两种类型：路拌法施工和厂拌法施工。路拌法施工主要有稳定的土方混合机械，厂拌法施工基本上与水泥混凝土混合施工方法相同。

路拌法指的是采用人工或利用拖拉机（带铧犁）或稳定土拌和机在路上（路槽中）或沿线就地拌和混合料的施工方法。拌和深度稳定，渗透下承层5～10mm以下，以促进上、下层黏结。禁止在拌和层底部留有素土夹层。一般应拌和两次以上，最后一次拌和前，如有必要，可以翻拌一遍。直接放置在土壤基础上的拌和层也应避免平整土壤的插层。对于三、四级公路来说，在没有特殊拌和和机械的情况下，可以用旋转犁和某些类型的犁与平板机拌和，但要注意拌和的结果，拌和时间不要太长。

拌和站是工业建设中用于土建搅拌施工等大型机械的统称。拌和站用于高等级公路、城市道路、广场、机场的基层稳定土施工。可连续拌和生产不同级别的二灰砾石、石灰稳定土、工业废渣土、稳定土成品料。拌和站细分为稳定土拌和站、水稳拌和站等类别。

稳定土拌和站分为移动式和固定式。移动式拌和站驱动任何料仓轮胎都可以拉动和运行，转移方便灵活，但生产能力低。固定式拌和站需要混凝土打地基，然后将设备放置到位，它的生产能力强。稳定土拌和站是专门为土壤稳定材料的拌和与稳定而设计的，主要是将石灰、水泥、粉煤灰等黏结剂与土壤、砾石或其他稳定材料混合。水稳拌和站是专门为拌和水稳定材料而设计的。耐水材料一般为水泥、粉煤灰、分级砾石、稳定土层材料。

六、沥青路面施工机械

沥青路面施工机械主要有拌和楼和摊铺机。

（一）拌和楼

拌和楼设备可生产沥青混合、改性沥青混合、彩沥青混合，能够满足高速公路、等级公路、市政道路、机场、港口等施工需要。LQG 系列沥青搅拌设备主要由配料系统、干燥和燃烧系统、振动筛、热料提升和储存筒仓、称量和搅拌系统，沥青滋养和粉料喂养系统、除尘系统、成品仓和控制系统组成，包括分配机、振动分拣机、皮带分配机、粉末搅拌机、煤粉末燃烧装置、清洁设备、起重机、产品仓库、沥青供应系统、配电室和电力控制系统。

SLB 双滚筒系列特点：批量干燥搅拌滚筒一体化设计，降低客户投资成本；正向烘干，反向卸料，在管道中间引风，整机结构简单，操作方便，可编程 PLC 中央控制，触摸屏操作，方便手动自动切换；移动式底盘结构，运输安装快捷方便；可根据要求提供煤和油的双焚化炉。

（二）摊铺机

摊铺机是一种建筑设备，主要用于高速公路和地面上的材料操作。

摊铺机有两种类型：碎石摊铺机和沥青混凝土摊铺机。

碎石摊铺机：碎石摊铺机是一种能够将碎石均匀地分布在地面上的建筑机械，主要由漏斗、支撑辊、滑块、V 型刮板、加宽侧板和操作轮组成。

沥青混凝土摊铺机：是一种将沥青混合料均匀地涂在道路底部，进行第一次振动和调平的机器，有履带式和轮胎式两种。它由牵引铺装和振动压实两部分组成。第一部分包括机架、动力单元、行走装置、料斗、闸门、刮板输送机、螺旋铺装、舱室等。第二部分包括牵引臂、振动机构和熨烫设备（包括表面控制器、

厚度控制器、电弧控制器和加热器）。

七、水泥混凝土路面施工机械

水泥混凝土层铺装的技术方法有小型机械铺装、滑模机械铺装、轨道铺装、三辊轴单元铺装和层压混凝土铺装等方法。

小型机械铺装广泛应用于低层路面，主要有模板、板振动器等。

滑模式水泥混凝土摊铺机（简称滑模摊铺机）是一种专用设备，在1960年代中期用于轨道摊铺建造人行道，它集布料、测量、振动、滑动建模和平搓及混凝土的抹平于一体，从而能够在公路基础上自动摊铺高质量的混凝土。高质量的道路建筑摊铺机也发挥着传力杆打入的功能，在水泥摊铺作业过程中，会自动按要求把传力杆、中央拉杆和侧向拉杆打到混凝土的铺层之中。

滑模技术最显著的特点是固定模板的去除。可变固定模板为滑动移动的钢模板，因此不需要准备大量的固定模板技术，仅采用拉丝、激光、声纳、超声波等作为结构高程、位置和方向的参考系统，就可以连续施工完成带钢结构或构件。

第三章　道路桥梁技术发展方向

随着经济技术的腾飞，我国的道路桥梁建设发生了巨大的变化，施工技术、质量和结构形式都有了很大的发展和进步。道路桥梁建设在长期的实践过程中，积累了丰富的理论知识和实践经验，施工技术也因桥梁的实际需要而不断地完善和提升。科学技术的进步，赋予了道路桥梁施工技术更多的科技元素。为了满足人们对桥梁多样化的使用需求，在新的经济发展时期，道路桥梁施工技术将会继续创新与发展，为建设出更多现代化的道路桥梁工程而做出贡献。

第一节　中国桥梁发展历程

桥梁是指在河流和湖泊等水域上架起的建筑物，目的是让车辆和行人等能够顺利通行。不同时期，人们对桥梁的形状和功能提出了不同的要求，这些要求并不局限于有水的区域，也出现在山上、峡谷、岛屿和公路上，人们不再只看重它的使用价值，对建筑外观要求的比重也在慢慢增加。

一、中国桥梁发展轨迹

桥梁的发展经历了从古代到近代，再到现代这三个时期。中国的桥梁历史最早可以追溯到春秋时期，然后是秦汉、唐宋以及明清，这几个时期都在前面的基础上发展本朝的桥梁建筑，从而为近现代桥梁的建设奠定了坚实的基础。在这一进程中，桥梁起到的作用越来越广泛。这些变化不但反映了不同时期的经济发展水平，而且也反映了桥梁本身的变化和成长。

二、中国古代桥梁

作为四大文明古国之一的中国，长期以来，在科学、技术和文化水平方面一直处于世界前列。由于高山辽阔，景色优美，我国古老的桥梁也就出现在复杂、惊人和多样的地理环境中，如北京的卢沟桥、河北的赵州桥等。从发展进程的角度来看，中国的古桥可以分为以下四个阶段。

（一）起步阶段

主要包括西周和春秋时期。这个阶段是桥梁的开始，桥梁不再是单一木材类型，而是出现了梁桥和浮动桥。在这一阶段，由于生产力水平低下以及技术上的限制，低洼、水流和狭窄的地区虽然有桥梁，但是设计上都非常简单，这时期的桥梁只是扮演了人为走廊的角色。

（二）初步发展阶段

以秦汉时期为主。这个阶段是古代桥梁建筑一个小的转变时期。从原来简单的木头结构转变到砖石结构。由于工农业经济迅速发展，因此这个时期出现了不同形式的桥梁结构，例如石柱桥。在这一时期出现的桥梁拱门结构，促成了石拱桥的出现。自那时以来，中国的桥梁有了很大的发展，因为与以前的木桥相比，石拱桥的寿命较长，维修次数更少，使其在美学和实用上具有革命性的意义。

（三）发展璀璨阶段

这一历史时期以唐宋为主体，包括了隋朝和五代十国在内。这个阶段是我国桥梁建造的繁盛时期。唐宋时期，有着和平发展的道路和先进的社会生产力，这为发展桥梁提供了各种有利的条件。由于当时经济中心向南移动，桥梁越来越多地出现在复杂的地理区域。经济和技术进步促进了桥梁的发展，使其设计更加突出和实用。

（四）饱和停滞阶段

包括元朝在内的明清时期。与前几个朝代相比，这一阶段在桥梁建设方面没有取得显著的进展，原因是清朝时期比较特殊，内忧外患，使我国桥梁的发展停滞不前。

三、中国近现代桥梁

（一）近代桥梁

近代主要指的是晚清到新中国成立初期。政治腐朽、衰败和生产力低的清政府使得晚清在经济、政治和文化上大大落后于西方。

在新中国成立之前，我国的交通状况很差，道路和桥梁都是木制的，不能保证及时修复，这使得它们变得陈旧、破碎或无法使用。直到新中国成立后，影响我国桥梁发展的不利条件才慢慢有所改善。

（二）现代桥梁

1. 初级学习阶段

在新中国诞生的最初几年，我国的桥梁技术学习主要来自苏联。当时，我国派学生学习苏联的混凝土技术和钢桥技术。在苏联的帮助下，我国建立了许多桥梁建设研究所和规划办公室，为我国建造桥梁奠定了坚实的基础。令人鼓舞的是，我国在1957年建造了第一座长江大桥——武汉长江大桥，这使我国在发展桥梁方面迈出重要的一步。

2. 慢进化阶段

在国民经济时期，建桥所需的材料和技术都很短缺。在这样的社会条件下，出现了以砖和泥为主体的圬工桥。这一阶段我国桥梁并没有明显的实质性的发展，这是不容否认的。我们必须承认这一时期的桥梁承载力差并且使用时间短。

3. 快速发展阶段

改革和开放的浪潮席卷了中国经济，我国的桥梁发展达到顶峰，各种形式的桥梁使用变得越来越广泛。自20世纪90年代以来，我国的桥梁技术得到了进一步发展，例如1991年启动并于1993年在上海建成的杨浦大桥，这是世界上第一座斜拉桥，1995年启用的汕头海湾大桥成为中国历史上第一座具有现代意义的悬索桥，九江大桥更是继武汉长江大桥和南京长江大桥之后桥梁发展新的里程碑。

近几年来，我国设计建造的桥梁创下多个世界第一：毕都北盘江大桥是世界上最高的桥梁，杨泗港长江大桥是世界上最大跨度的双层公路悬索桥，沪苏通长江公铁大桥是世界上首座跨度超千米公铁两用斜拉桥；常泰长江大桥，是世界上首座集高速公路、城际铁路、一级公路为一体的过江通道，并将刷新斜拉桥跨度的世界纪录。

2018年建成的港珠澳大桥集桥梁、隧道和人工岛于一体，是世界上目前里程最长、投资最多、施工难度最大、设计使用寿命最长的跨海公路桥梁。截至2020年12月，港珠澳大桥创新工法和装备各31项，获得专利454项；获得2020年国际桥梁与结构工程协会杰出结构奖。

近几年来，我国桥梁建设工业化水平进一步提升，工厂制造、装配施工、流水线标准化作业、智能绿色建造水平不断增强。

第二节　道路桥梁技术的应用与发展

道路桥梁是我国基础设施的一个重要部分。建造道路桥梁可以优化城市间的沟通交流，提高城市发展的效率，从而合理规划空间资源。但是，在道路桥梁建设技术方面，某些建筑领域仍然存在一些不足之处，例如建筑工程造成的裂缝、结构腐蚀以及阻碍我国道路桥梁建设水平的技术问题等。为此，相关部门需要承担技术研究和开发、改进建筑结构、缩小道路和桥梁技术与国外建筑系统之间差距的责任，从而加强我国的整体建设力量。

一、道路桥梁施工技术应用现状

道路桥梁在区域经济发展及经济体系中发挥着重要作用，在技术体系的推动下，我国道路桥梁施工体系进一步完善。随着我国道路桥梁施工体系的高度发展，施工技术、施工理念、人员专业素养等在整个施工体系中呈现出一定的滞后性特点，进而产生一系列的施工问题。

（一）裂缝问题

道路桥梁施工中裂缝问题的产生，将影响整体建筑结构的稳定性，甚至可能因为质量不达标而整体返工，加大建筑企业风险。道路桥梁裂缝问题的原因：首先，由材料所引发的结构裂缝。例如，混凝土原材料匹配度不足，在冷凝过程中增加混凝土的内部压力或低于建筑结构的承受指标，反过来导致结构裂缝，降低结构的稳定性。其次，在混凝土搅拌塌落时，施工人员并未能按照合理参数进行搅拌，这将造成混凝土材料产生凝固不均匀的现象，再加上混凝土材料产生的热胀冷缩现象，将造成结构裂缝问题。

（二）钢筋腐蚀问题

钢筋是稳定的基础设施，在建筑结构中发挥重要作用，可进一步提高建筑结构性能。但从部分道路桥梁的损坏情况来看，内部钢筋设施易出现腐蚀，钢筋腐蚀将造成设施稳定性锐减，其映射到整个道路桥梁中，会大大降低道路桥梁的稳定性。钢筋腐蚀对于投入使用过程中的道路桥梁来讲属于隐性问题，极易造成严重安全隐患。道路桥梁钢筋腐蚀问题的诱发原因可归纳为质量不达标、施工不规范、材料管理不合格等，从而降低工程建设质量。

（三）施工管理问题

施工管理是道路桥梁项目持续性推进的重要保障。承接工程建设的部门为进一步提高工程施工质量，必须依据工程项目属性，正确界定出不同操控视域下，各类施工工序所呈现出的建设效果，以规范实际施工行为。然而，从目前道路桥梁施工情况来看，行政部门在施工系统中没有充分执行，其主要原因如下：首先，职能部门并不具备相应的管理意识，这就造成现场施工中管理效用与预期管理方案存在较大的差异性，在一定程度上加大整体建设难度；其次，管理部门并未落实监管职能，这就造成部分监管工作呈现出形式化、表面化的特点，未能起到监管效用；最后，施工体系并未能引进建筑行业的高新技术，在部分施工方面仍沿用传统的建筑工艺，降低实际建设效率。

二、道路桥梁施工技术的应用

（一）混凝土施工技术

道路桥梁混凝土施工技术的实现，可进一步提高整体施工的规范性，增强道路桥梁工程的建设质量。从实际应用角度来看，可分为两道操作工序。一方面，是对混凝土原材料进行搅拌，确保混凝土原材料在建筑支护结构内，可与钢筋结构紧密相连，提高建筑材料之间的契合性，提高整体建筑结构的稳定性。在实际搅拌过程中，需针对施工部位采用适当的搅拌设备，然后按照相对应的施工工序进行操作，以提高实际操作性能。另一方面，采用连续性的振动工艺，保证各类振捣点，可通过共振及塌落效果，真正实现建筑材料在固有范围内的结构融合。但在振捣过程中应注意的是，为强化混凝土结构的密实性，必须分析出建筑材料在凝固过程中的收缩应力，并预留出应力补充空间，降低裂缝问题的产生概率。

（二）过渡段施工技术

过渡段作为道路桥梁施工的重要阶段，需要对不同建筑结构进行融合，为应力参数的调整提供平台，以强化实际对接效果。在对过渡段进行施工时，需要注意以下两点：第一，应对材料进行分析，例如材料可塑性、融合性、压实性等特点，结合土壤类型，比对出与施工工艺符合的相关参数；第二，应分析道路桥梁在过渡过程中所需要的压实强度，对分层施工厚度进行掌控，并按照相应的施工指标，对整个施工结构进行压实处理，保证土层性能满足后续的施工需求。

（三）路基排水施工技术

对于道路路基来讲，其内部结构含水量的增加，将造成严重的道路隐患问题。产生此类问题的主要原因是路基结构水体含量超标。这就需要对路基进行定期排水处理，查找出路基结构的损毁特征，以辨认出道路隐患。在实际施工时，主要是通过路面排水、路基排水两种技术手段，降低路基结构的含水量，提高路基的稳定性。针对路基所执行的排水工艺，通常是指排水管道、地下水流通道等，实现对路基内多余水体的排放；针对路面所执行的排水工艺，主要是对地表水体进行处理，避免具有腐蚀性的雨水对路面隐性裂缝造成侵蚀，提高路基稳定性。

三、道路桥梁施工技术的应用方向

（一）新型施工技术的应用方向

随着科学技术的不断发展，连接道路桥梁的建筑技术也逐渐完善。从未来发展的角度来看，先进建筑技术带来的建筑效率可以进一步扩大道路桥梁的使用效率。与此同时，对道路桥梁质量问题的不断发掘可以为技术研究和发展提供方向上的指导。采用新的建筑技术将提高桥梁在架起之后的使用能力和稳定性。例如，增压钢板材料的开发可以改变材料的横向负荷，降低道路和桥梁的碎裂，提高结构的承受力。这些技术系统的开发，将推动我国道路桥梁建设项目的发展。为此，作为未来发展的一部分，建筑公司应投资于新技术的研究和开发，提高实际建筑质量，为我国的道路桥梁项目提供坚实的基础。

（二）信息化平台的应用方向

信息化平台对于建筑行业的发展起到一定的促进作用，通过数据功能、可视功能的实现，可将建筑参数信息实时反馈到主系统中，让管理人员清楚了解现场施工进度及在施工过程中存在的隐性。与此同时，道路桥梁项目本身具备综合性、复杂性的特点，各类施工工序将加大部门的审核难度，而管理信息化的实现，则可弥补信息传输不对称的问题，通过系统对于数据信息的映射，真正展现出三维立体、四维动态的建筑模式，辅助施工人员制定后续管理事项。对此，在未来发展过程中，建筑企业必须着手信息系统的研发与建设，通过软件实现业主、建筑部门的平台沟通，解析出当前工程建设中存在的问题，确保工程施工满足前期造价规划，在工程保质保量的前提下，为建筑企业创造更多的经济价值。

（三）施工智能化、自动化方向

在技术体系的不断更新下，建筑行业逐渐趋向于智能化、自动化方向，这在一定程度上降低了人力资源的投入，提高了实际建设的精度与道路桥梁的使用寿命。从建筑模式来讲，大部分施工工序仍需要执行人工作业，而人工智能技术的实现也不是单一局限在现场施工中，它是通过对相关技术手段的应用，依托于相关载体实现智能化操控，为道路桥梁前期设计、中期施工、后期运维提供一体化保障。考虑到道路桥梁施工周期长、影响因素多的问题，在现场施工需要自动监控系统，例如通信机构、安全防护机构等，在信息化技术的支撑下，对道路桥梁本身所呈现的特点进行分析，然后通过外部传感器对建筑施工现场的信息进行采集，让管理人员通过影像信息，正确解读出当前操控过程中存在的施工问题，并通过主系统将指令下达到相对应的部门，以实现统筹管理，提高实际建设效果。

（四）绿色节能化方向

传统工程项目在施工过程中对能源需求较大，并且对生态环境造成较大的污染，特别是对于长距离的道路桥梁设施来讲，其所呈现的跨度性施工，在一定程度上将加大施工污染。随着国家颁布的绿色节能施工战略的实施，企业应该对现场施工进行一定的约束，降低工程项目开设过程中的能源消耗量。从技术层面来讲，施工技术与能源消耗呈现出一定的线性关系，且此类问题与工程复杂性关联较大，为进一步强化工程建设的节能性，则需要将施工技术与绿色节能技术相融合，通过对施工材料、施工工艺、施工管理等方面的优化，提高工程建设质量。例如，在支护施工中，采取塑料板替代原有的木板进行支护，可有效提高支护的防水性，使支护面更为平整，简化后续处理工序；采用对头焊接技术对钢筋部件进行焊接操作，可强化钢筋部件之间的衔接性，避免出现二次施工。与此同时，节能材料、绿色节能技术的逐步更新，也将对道路桥梁施工起到优化作用。但是应该注意的是，在引进新材料、新工艺时，应注重施工技术与引进体系之间的契合性，确保施工的持续性与完整性。

（五）施工队伍建设方向

施工小组是道路桥梁施工质量的重要保障，只有通过施工小组的专业能力，才能确保各种建筑工程的兼容性、现场施工与图像文件的兼容性及提高实际建筑质量。因此，当引入新理论时，施工小组必须对不同建筑特点的风险进行分析，将这种技术进行及时整合，分析其与建筑施工之间的联系。所以，施工小组必须提高现场建筑工人的专业技能。与此同时，应将道路桥梁的重要性告知给建筑工作人员，提高他们对工作的正确认识，确保他们自觉地遵守建筑规定，并提高现场施工期间的实际操控质量。除此之外，应适当增加施工团队的应聘门槛，对工作人员的专业技能及职业素养进行审核，确保其具备相对应的工作能力，强化实际工作质量。

综上所述，科学技术的发展，在一定程度上推动着我国建筑事业的智能化转型。为了进一步落实国家发展战略，必须结合现有的技术体系，分析不同操控视域下，工程建设属性与现场施工存在的关系，并界定出相对应的技术施行方案，以强化施工质量。期待在未来发展过程中，建筑部门可加大资源投入力度，结合经济体制、地区管理体制等，分析出在不同经济的支撑下，道路桥梁的施工属性，为我国道路桥梁事业的发展提供基础保障。

第四章　道路工程施工

本章主要内容包括路面基层和面层的施工技术、级配碎（砾）石、无机结合料稳定土、沥青混凝土和水泥混凝土路面的材料要求、施工程序、注意事项和验收标准。

第一节　道路基层（底基层）施工

一、级配碎（砾）石类基层（底基层）施工

在修筑级配碎（砾）石基层时，使用的原料一般是碎石、石屑、砾石、砂等粗细集料，采用最适宜的级配方式完成。级配碎（砾）石将相应比例的材料混合在一起，然后将孔隙填充好，利用黏土进行黏结，最后进行压实，这样形成的结构会非常密实。由于采用这样的制作方法，通过材料的摩擦阻力和黏结力来保证级配碎（砾）石基层的强度，力学强度和水稳定性也得到了相应的保持。

（一）级配碎石

将一定比例的各种碎石和石屑混合在一起，当这些混合料的颗粒组成满足了相应的密实配比需求后，就形成了级配碎石。如果制作级配碎石缺少石屑，就可以用细砂砾或粗砂砾来替代，不过这样的配料强度会略有下降。还可以制作级配砾石，采用的原料是一些没有筛分的碎石和砂砾等，和级配碎石相比，其强度和稳定性都有所降低。

一般都用级配碎石来建设公路的基层或底基层。二级或二级以下的公路基层在使用级配碎石时，公称最大粒径要小于31.5mm；高速公路或一级公路在使用级配碎石铺设基层时，公称最大粒径要在26.5mm以下；底基层使用的级配碎石

的公称最大粒径也应小于 37.5mm。高速公路和一级公路基层使用的级配碎石要符合级配 G-A-4 或 G-A-5 的规定；高速公路和一级公路底基层使用的级配要同级配 G-A-3 或 G-A-4 的规定相符；而二级或以下公路的基层、底基层使用的级配碎石则要同 G-A-1 或 G-A-2 的级配相符合。

可以利用不同类型的岩石、圆石、矿渣等来制作碎石，不过软质的岩石不能用于轧制碎石。轧制碎石时采用的圆石粒径要小于碎石粒径的 3 倍，而矿渣要先崩解，保持均匀的密度。制成的碎石中，尽量使针片状颗粒的含量在 20% 以下。不要让黏土块、植物等混在碎石中。碎石中使用的石屑等细集料，可以利用碎石余料细筛后获得，也可以采用轧制沥青添加石料后的细筛余料或者专门的碎石集料来代替，如果实在没有石屑，还可以用粗砂砾来代替。对于使用的砂砾应进行筛选，将其中尺寸较大的颗粒去除，这样才能保证级配碎石中的级配符合要求。

（二）级配砾石

将不同比例的砾石、砂混合在一起，当粒径符合所需的级配要求，并且具有适度的塑性指数和承载比时，就制成了级配砾石。在基层的铺设时，也能直接采用符合级配需求的天然砂砾，只要保证天然砂砾的塑性指数在 9 以下即可。如果砂砾的塑性指数较大，可以将一定量的石灰添加其中，这样就能使塑性指数下降，另外添加一些没有塑性的砂或石屑也能有效降低塑性指数。为了让制成的级配砾石混合料有较高的稳定性和强度，应加入一些碎石或轧碎的砾石。当一些没有经过筛分的碎石添加到天然砂砾中，其强度和稳定性要比级配碎石高，但却低于级配砾石。一般多在二级或二级以下的公路基层、各级公路底基层的铺设使用级配砾石。

在公路基层铺设级配砾石时，尽量保证其粒径在 37.5mm 以下，底基层使用的级配砾石粒径也要小于 53mm，级配砾石中的细长和扁平颗粒要低于 20%。

当级配砾石试件的干密度（在最佳含水量下制备）与工地规定达到的压实干密度相同时，浸水 4 天的承载比值应不小于 60%，压碎值大于 30%。

当用于底基层的在最佳含水量下制备的级配砾石的干密度与工地规定达到的压实干密度相同时，浸水 4 天的承载比值在轻交通道路上应不小于 40%，在中等交通道路上应不小于 60%。

级配碎（砾）石可采用路拌法和中心站集中厂拌法进行施工。其中路拌法施工工艺流程如图 4-1 所示。

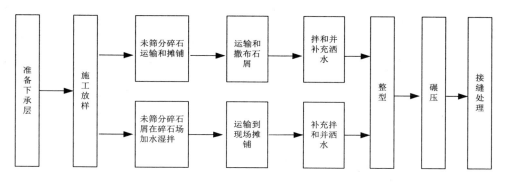

图 4-1 级配碎石路拌法施工工艺流程图

（1）路拌法施工流程：准备下承层，施工放样，备料，运输和摊铺集料，拌和及整形，碾压，横缝的处理，纵缝的处理。

（2）中心站集中拌和（厂拌）法施工流程：级配碎石混合料除上述介绍的路拌法外，还可以在拌和中心站用稳定土长拌设备进行集中拌和。过程包括准备材料、拌制、摊铺、碾压、接缝处理。

二、无机结合料稳定土基层（底基层）施工

无机结合料稳定基层也可以叫作半刚性基层，或者称作整体性基层。将无机结合料稳定基层划分为水泥稳定类、石灰稳定类、综合稳定类三种。这种稳定基层具有刚度较大、稳定性较好、整体性较强、承载力度较高等特点，属于非常经济的基层。在高等级的公路基层和底基层的建设中，半刚性材料的使用比较广泛。

（一）石灰稳定土基层

将足量的石灰加入已经粉碎的土中，然后加水搅拌后得到混合料，再进行压实和养生，当这种混合料达到了要求的抗压强度后，就制成了石灰稳定土。

石灰稳定土需要使用细粒土，这样的石灰土才能符合要求的强度。一般情况下，为了达到要求，需要使用中粒土或粗粒土，如果加入的原材料是级配砂砾，就是石灰砂砾土，而加入的是级配碎石时，就是石灰碎石土。

路面的基层和底基层在用石灰稳定土进行铺设后，被称为石灰稳定土基层和石灰稳定土底基层。基层或底基层使用什么样的材料铺设，就在前面添加相应的简称，如石灰土底基层、石灰土碎石基层等。

石灰稳定土的力学性能、水稳定性、抗冻性都比较好，不过在初期的水稳定性和强度稍低，而到了后期则会提升。当石灰稳定土经过干缩或冷缩后，很容易出现裂缝。很多路面在铺设基层或底基层时都使用石灰稳定土，通常高级路面在铺设基层时不采用石灰稳定土，石灰稳定土一般用来铺设底基层。石灰稳定土不能用在冰冻地区的潮湿路段的基层铺设。基层或底基层使用石灰稳定土铺设时，还应做好防水措施。

对基层使用石灰稳定土进行铺设时，施工时应做好碾压，保证该基层受到拉弯时不会出现断裂，增加基层的厚度尽量在 100mm 以上。一般采用 12～15t 的压路机进行压实，压实厚度通常要在 150mm 以下，而采用 15～20t 的压路机对路面压实时，压实厚度也要低于 200mm。碾压路面时，尽量先轻压，然后再重压。

（二）水泥稳定土基层

将水泥、水等加入经过粉碎后的土中，拌和后可以形成相应的混合料，然后对混合料进行压实和养生，当处理后的混合料达到了符合要求的抗压强度时，就制成了水泥稳定土。铺设路面基层或底基层使用水泥稳定土，就可以成为水泥稳定基层或水泥稳定底基层。

水泥稳定土的力学性能、板体性、水稳性、抗冻性都比较好。在制成初期，水泥稳定土的强度较高，并且随着龄期的增长，其强度也会提高。另外，在铺设时如果对水泥稳定土在力学强度上有一定的需求，就可以对其进行调整。一般交通类别道路在铺设基层和底基层时会用到水泥稳定土。

利用流水作业法对水泥稳定土进行施工，能够更好地衔接各道工序。如果能够做好拌和碾压之间的衔接工作，那么这个过程的延迟时间将会缩短。延迟时间通常会对铺设的基层或底基层的强度造成影响，需要对延迟时间进行确定，以更好地保证施工后的强度。

对水泥稳定土继续施工，可以采用路拌法和厂拌法。一般多采用厂拌法。对水泥稳定土基层的施工方式类似石灰稳定土基层的施工。不过施工时需要注意，如果摊铺出现中断，并且时间在 2h～3h 以上，也没有做好横向接缝处理，那么就需要铲除摊铺机附近没有压实的混合料，然后将压实的平整度达标的末端部分进行挖掘，使其成为横向垂直的断面，接着继续将混合料摊铺开来，完成铺设任务。

将一段水泥稳定土基层碾压后进行压实度检查，如果符合标准，就可以进行养生工序，这个过程不能延误。对水泥稳定土基层的施工如果是分层进行的，当碾压完下层时，1 天后就能对上层水泥稳定土进行铺设，中间不需要有 7 天的养生期。不过一定要使下层水泥稳定土保持湿润，这样才能对上层稳定土进行铺设。下层的表面可以撒上一些水泥或水泥浆，然后再铺上层稳定土，这样能够确保两个层之间的黏结性。如果水泥混凝土路面基层用水泥稳定土进行铺设，铺设使用的是小型机械，就不需要进行养生，基层铺完后直接铺混凝土面层。

（三）工业废渣基层

在铺设基层时，可以使用工业废渣，一般有粉煤灰、高炉矿渣、钢渣、煤渣等。

铺路使用工业废渣时，会掺入石灰用于稳定，因此这种废渣也被称作石灰稳定工业废渣。石灰稳定工业废渣包括石灰粉煤灰类、石灰其他废渣类。其中石灰粉煤灰类还可以分成石灰粉煤灰、石灰粉煤灰土、石灰粉煤灰砂、石灰粉煤灰砂砾、石灰粉煤灰碎石、石灰粉煤灰矿渣、石灰粉煤灰煤矸石，也可以简称二灰、二灰土、二灰砂、二灰砂砾、二灰碎石、二灰矿渣、二灰煤矸石等；石灰其他废渣类则可分为石灰煤渣、石灰煤渣土、石灰煤渣碎石、石灰煤渣砂砾、石灰煤渣矿渣及石灰煤渣碎石土等。当路面的基层、底基层使用石灰工业废渣进行铺设时，就可以称为石灰工业废渣基层、石灰工业废渣底基层。石灰工业废渣的力学性能、板体性、水稳性等都比较好，和石灰土相比其抗冻性也较高。不过在初期，石灰工业废渣的强度不高，其强度会随着龄期的增加而提升。二灰土使用越多的粉煤灰，其初期强度就越低。为了提升二灰土的初期强度，可以在二灰土中添加一些水泥、粒料等。如果石灰工业废渣经过干缩、冷缩后，就会出现裂缝。一般在交通类道路的基层、底基层中会使用石灰工业废渣来铺设，不过在高级沥青道路的基层中是不能用二灰、二灰土进行铺设的，底基层的铺设却可以使用。

三、基层施工质量控制与检查验收

（一）施工质量控制

基层施工时，最基本的任务就是要确保施工质量符合设计的要求，施工技术要规范，尽可能采取现场试验、质量检验、交接验收等措施来控制施工质量。每道工序完成后都需要进行检查验收，当符合相应指标后就可以继续开展下一道工序，这样每一道工序都有质量保证。控制施工质量可以采取原材料与混合料质量技术指标试验、铺筑试验路段、质量控制与外形管理等方式进行。

1. 原材料与混合料质量技术指标试验

如果在施工过程中发现原材料有变化，需要对原材料进行质量技术指标的试验，确保该原材料在基层铺设项目中能够使用。如果不符合质量技术指标规定的标准，应立刻停止使用。

2. 铺筑试验路段

在正式施工前，需要铺设相应的试验路段，这可以为正式施工提供参考，进而指导现有施工方法是否可靠。试验路段的施工可以检验混合料中各种材料配比是否标准，还能明确松铺系数、施工标准、作业长度等。经过试验后，就可以对试验结果进行总结，进而优化施工设计，做好对施工设备的组合搭配，确保实际施工的顺利开展。

3. 质量控制与外形管理

施工过程中需要严格控制基层施工的质量，可以通过控制集料级配、混合料计量、拌和匀度、压实度、含水量等完成。在施工时完成外形管理，主要是控制基层的宽度、厚度、平整度等，检查时一定要结合相应的质量标准进行。

（二）质量验收

基层施工后，应对铺设后的内容进行质量验收，主要检查施工质量、材料质量、基层外形等。在检查过程中，应对各方面进行记录，保留可靠的数据，从而让质量评定更加准确。采用随机抽样的方式进行检查，不能带有倾向性，在抽查时，把每 1km 长作为一个评定单位。

1. 施工过程检验

施工过程中的质量控制包括外形尺寸检查及内在质量检验两部分。外形尺寸检查项目、频度和质量标准见表 4-1。

表 4-1 外形尺寸检查项目、频度和质量标准

工程类别	项目		频度	质量标准	
				高速公路和一级公路	二级及二级以下公路
基层	纵断高程 /mm		二级及二级以下公路每20m 1点；高速公路和一级公路每20m 1个断面，每个断面 3～5 点	+5 ～ 10	+5 ～ 15
	厚度 /mm	均值	每 1 500 ～ 2 000m² 6 点	≥ -8	≥ -10
		单个值		≥ -10	≥ -20
	宽度 /mm		每 40m 1 处	> 0	> 0
	横坡度 /%		每 100m³ 处	± 0.3	± 0.5
	平整度 /mm		每 200m² 处，每处连续 10 尺（3m 直尺）	≤ 8	≤ 12
	连续式平整度仪的标准差 /mm		≤ 3.0		
底基层	纵断高程 /mm		二级及二级以下公路每20m 1点；高速公路和一级公路每20m 1个断面，每个断面 3～5 点	+5 ～ 15	+5 ～ 20
	厚度 /mm	均值	每 1 500 ～ 2 000m² 6 点	≥ -10	≥ -12
		单个值		≥ -25	≥ -30
	宽度 /mm		每 40m 1 处	> 0	> 0
	横坡度 /%		每 100m³ 处	± 0.3	± 0.5
	平整度 /mm		每 200m² 处，每处连续 10 尺（3m 直尺）	≤ 12	≤ 15

开展施工要做好对内在质量的控制，可以通过原材料、拌和、摊铺、碾压等部分的质量控制来达成目标。集中厂拌施工时控制内在质量，要划分成前场和后场两部分来完成。

铺设高速公路、一级公路的基层和底基层，要先做好 7 ～ 10 天的养生，然后再检查弯沉。如果没有进行相应时间的养生，或养生不达标，弯沉不符合标

准，就需要对改短铺设进行重新返工。

高速公路和一级公路铺设水泥稳定碎石基层，经过 7 ～ 10 天的养生后，如果是极重、特重的交通荷载等级，其弯沉值应该低于 0.15mm；如果是重交通荷载等级，其弯沉值应该低于 0.20mm；如果是中等交通荷载等级，弯沉值要低于 0.25mm。

2. 质量检验

质量检验主要是对完工后的外形和质量进行检验。应根据表 4-2 的规定完成外形和质量检验。

表 4-2　质量合格标准值

工程类别	检查项目	检查数量	标准值	极限低值
无结合料底基层	压实度	6 ～ 10 处	96%	92%
	弯沉值	每车道 40 ～ 50 个测点	按弯沉标准值	
级配碎石（或砾石）	压实度	6 ～ 10 处	基层 98%	94%
			底基层 96%	92%
	颗粒组成	2 ～ 3	规定级配范围	
	弯沉值	每车道 40 ～ 50 个测点	按弯沉标准值	
填隙碎石	压实度（固体体积率）	6 ～ 10 处	基层 98%	82%
			底基层 96%	80%
	弯沉值	每车道 40 ～ 50 个测点	按弯沉标准值	
水泥土、石灰土、石灰粉煤灰、石灰粉煤灰土	压实度	6 ～ 10 处	93%（95%）	89%（91%）
	水泥或石灰剂量（%）	3 ～ 6 处	设计值	水泥 1.0% 石灰 2.0%
水泥稳定材料、石灰稳定材料、石灰粉煤灰稳定材料、水泥粉煤灰稳定材料	压实度	6 ～ 10 处	基层 98%（97%）	94%（93%）
			底基层 96%（95%）	92%（91%）
	颗粒组成	2 ～ 3	规定级配范围	
	水泥或石灰剂量（%）	3 ～ 6 处	设计值	设计值 -1.0%

第二节 公路土质路基施工

公路土质路基是公路工程建设中的重要内容，良好的公路土质路基工程建设能够保证公路路基的承载性能，从而为行车安全提供可靠的保证。但就当前公路工程建设的实际情况来看，公路土质路基工程施工极易受到多种因素的影响而出现施工质量问题，导致公路路基变形、沉降或路面坍塌，严重影响公路使用的功能。在这种情况下，加大力度探讨公路土质路基施工的质量控制措施是非常必要的。

第一，公路土质路基施工质量的好坏将会直接影响整个公路的施工质量，路基只有充分保障了强度与稳定性，才可以成为公路路面最结实的支撑体系，为路面承担大部分的承载压力，大大延长路面的生命周期。质量合格的路基施工，不仅能够为施工企业收获可观的经济效益，还能为日后公路的养护检修工作提供极大的便利，减少维修费用的支出。而质量低劣的路基施工，势必会对路基与路面质量造成一定的影响，还会埋下很多安全隐患，很容易引发安全事故，造成人员伤亡，使得公路整体的使用质量无法得到有效的保障，使企业承受巨大的经济损失。因此，加强做好路基施工质量管理工作是十分有必要的，加大对路基施工过程的监管力度，确保每一个施工工序能够有条不紊地进行，不断提高路基工程施工效率与质量，实现公路经济效益与社会效益和谐发展的目标。通常情况下，在实际的路基施工过程中，由于受到其他客观因素的影响，再加上路基施工本身就是一个规模庞大、施工复杂的工程项目，这也就加大了路基工程施工的难度，使得路基施工质量受到很大的影响，尤其是在一些地质条件较差的工程项目中，经常会发生一些突发状况，严重阻碍了施工进度的正常开展。因此，只有做好一切预防性措施，在出现问题时，及时采取有效的处理办法，才能保证路基工程施工质量的必要前提。

第二，公路土质路基工程施工中常见的问题及质量控制措施如下：

（1）常见的问题。

在公路土质路基工程施工中，极易受到多种因素的影响而出现质量问题，严重影响公路工程建设质量，甚至给公路交通安全埋下严重的隐患。尤其在取土坑设置时极易出现乱挖乱取土的现象，严重影响公路土质路基施工的规范性。在路堤填筑施工中，受到施工人员操作安全意识不足以及施工水平不到位等因素的影响，极易出现施工方法错误或用料不当等问题，严重影响公路土质路基工程施工质量。在水网及水田地区陆地修筑施工中，受到地势条件等因素的影响，极易出现水道纵横的问题，给公路土质路基工程施工质量产生严重影响。在多雨潮湿地区，路基施工中极易出现含水量较大问题，而在冻融翻浆地区，路基排水问题也有待科学化处理。

（2）质量控制措施。

在公路土质路基施工中，为促进上述常见质量问题得到妥善的解决，应当积极采取科学合理的质量控制措施，以全面提高公路工程建设质量，为公路交通安全提供可靠保证。

应当采取有效措施防治取土坑设置时的乱挖乱取土问题。这就要求施工技术人员严格规范自身的施工行为，依照路基取土的原则开展具体施工操作，不断强化自身安全意识，充分意识到乱挖乱取土的危害性，从而保证土质路基施工中取土坑设置时相关施工操作的规范性。路基取土施工应当结合公路工程建设的具体情况开展综合分析，在对农业发展进行有效支援的基础上，选取浅挖宽取、坡地取平等施工方式，保证取土坑设置的规范性，从而为公路土质路基工程施工质量控制打下良好的基础。在这一过程中，应当充分做好技术交底工作，在公路土质路基工程施工中依照取土规划对取土坑进行合理设置，切实加强公路土质路基工程施工质量管理与控制。采取有效措施应对路堤填筑方法错误或使用填料不当问题。在公路土质路基施工中，施工技术人员应当开展充分的土质调查检测，明确土质路基工程施工中的用土规划，并制定科学合理的调配方案，以保证公路土质路基工程施工的顺利开展。在准确把握公路土质路基工程建设实际情况的基础上，对施工程序及层次进行合理安排，制定可行的施工方案，细化施工环节，并加强质量检查与控制，一旦发现存在施工质量问题应当及时进行纠正，以全面提高公路土质路基工程施工质量。在路基施工时，应特别注意排水问题，机具应该停放在地势较高不易被水淹的地方，并要求有可靠排水防洪设施，预防洪水造成的危害。含水量过大、过湿土深度在 2m 以内时，可挖去湿土，换填干土或挖方石渣，分层压实到要求密实度。挖去淤泥后将土层湿土翻松，其厚度以能达到规定压实度为准，使之成为稳定土加固层。

总而言之，在公路工程建设中，土质路基施工作为一项关键环节，其施工的规范性与可靠性直接影响着整个公路工程的建设质量。为加强公路土质路基工程施工质量的控制，应当结合公路工程建设的具体类型，选择适宜的施工方法，规范公路土质路基施工技术，加强施工人员的安全生产教育，并对公路土质路基施工中的机械设备进行科学化管理，全面提高公路土质路基工程施工质量，保证公路建设事业的稳定发展。

一、路基施工方法及施工准备

（一）路基施工及其方法

1. 施工的重要性

路基是支撑路面的土工构筑物，在挖方地段，路基是开挖天然地层后形成的路堑，在填方地段，则是用土石填筑、压实后形成的路堤。由于路基在使用过程中要起到由路面传递而来的行车荷载作用并抵御各种环境因素的影响，因此要求路基必须具有足够的强度、良好的水温稳定性和耐久性。所谓路基施工，就是以设计文件和施工技术规范为依据，以工程质量为中心，有组织、有计划地将路基设计文件转化为工程实体的建筑活动。

路基施工的重要性，突出地表现为对工程质量的高标准要求。强度高、稳定性和耐久性良好的路基将成为路面结构的良好支承体系，有利于提高路面整体强度和使用性能，延长路面使用寿命；同时，还可以降低路面工程造价和公路养护维修费用。反之，路基工程质量低劣，将给路面和路基自身留下许多隐患，路面的使用品质和使用寿命会因此而降低，甚至导致路基或路面破坏而中断交通，造成重大经济损失。尤其严重的是，路基自身存在的问题将后患无穷，这会大大增加公路建成后的养护维修费用。因此，必须重视路基施工，确保路基工程质量，为提高公路建设的经济效益和社会效益提供切实的保障。

路基在施工过程中需要处理大量的技术问题。虽然路基施工主要是运用开挖、运输、填筑、压实等相对简单的工序，但由于在路基施工过程中存在施工条件变化大、工程数量大、施工难度大、施工方法多样等特点，增加了保证路基工程质量的难度。特别是在进行工程地质不良地段路基、结构物或隐蔽工程较多地段路基施工时，常会遇到复杂的技术问题和各种突发性事故，进一步增加了确保路基施工质量的难度。可以说路基施工是简单的工序中蕴含着复杂的技术问题。

在与公路沿线构造物的关系方面，路基自身的施工与公路排水、防护及加固等工程的施工相互制约，有时还与桥梁、隧道、路面等分项工程的施工相互交叉、相互影响，这无疑增加了组织管理的难度。在其他如气候、交通条件等方面，由于公路施工为野外作业，工程质量受气候条件影响很大，雨季时土质路基往往无法施工；交通运输的不便会使物资、设备和施工队伍遇到困难。所有这些因素的不利影响都必须采取必要的组织措施和技术措施加以克服，才能保证路基工程的质量。

2.施工方法

路基工程通常为土石方工程，主要的施工方法有人工施工、简易机械施工、机械化施工及爆破施工等，施工时应根据工程性质、岩土类别、工程规模、施工期限、施工条件等选择一种或几种施工方法。

人工施工是传统的施工方法，施工时主要是工人用手工工具进行作业。这种施工方法劳动强度大、进度慢，且工程质量难以得到保证，已不适应现代公路工程施工的要求，只能作为其他施工方法的辅助和补充。

简易机械施工是在人工施工的基础上，对施工过程中劳动强度大和技术要求相对较高的工序用机具或简易机械完成，以利于加快工程进度、提高施工效率和工程质量。但这种施工方法工效有限，只能用于工程量较小、工期要求不严的路基或构造物施工，特别不适宜高速公路和一级公路路基的大规模施工。

机械化施工是通过合理选用施工机械，将各种机械科学地组织成有机的整体，优质、高效地进行路基施工的方法。若选用专业机械按路基施工要求对施工的各工序进行既分工又联合的作业，则为综合机械化施工。实现机械化施工是我国公路路基施工的发展方向，特别是对于工程量大、技术要求高、工期紧的高速公路和一级公路路基工程，必须采用机械化施工。组织机械化施工时，应使机械合理配套、科学组织，最大限度地发挥各种机械的效能。

爆破施工是利用炸药爆炸的巨大能量炸松土石或将其移到预定位置。这种施工方法主要用于石质路堑的开挖，特殊情况下也用于土质路堑开挖或清除淤泥。在施工时采用的机械钻孔、机械清运，也属于机械化施工之列。

3.施工准备工作

路基施工需要消耗大量的人工、物资、机械和时间等资源，是一项用时长、技术要求高的工作。在路基施工前，必须根据工程的实际情况做好组织准备、物资准备和技术准备工作，使各项施工活动能按预定计划正常进行。在施工过程中，所有施工活动都必须严格按有关施工规范进行，以确保工程质量，最后得到质量优良的路基实体。

（1）施工准备。

①组织准备。开工前的组织准备工作主要是建立、健全工程管理机构和施工队伍，明确各自的施工范围和任务，制定施工过程中必要的规章制度，确定工程应达到的目标等。组织准备是其他准备工作的开始。

②物资准备。路基施工要投入大量的人工、机料和机具，因此开工前应进行所需材料的购进、采集、加工、调运和储备等工作，同时要检修或购置施工机械，做好施工人员的生活和设备的后勤保障准备。劳动力、机械设备和材料的准备工作是路基施工组织计划的重要组成部分。

③技术准备。路基施工前的技术准备包括制定施工组织计划、施工测量、施工前的复查、试验及清理施工现场等工作。对于高速公路、一级公路或采用新技术、新工艺及新材料的其他等级公路，除做好上述准备工作外，还应在大规模施工前铺筑试验路，为正式施工提供技术指导。

（2）施工注意事项。

①严格按照设计文件和施工技术规范进行路基施工，以试验及测试结果作为检查、评定路基施工质量是否符合要求的主要依据。

②加强施工排水，确保路基施工质量。施工排水有利于控制土的含水量，便于施工作业。路基施工前应先修筑截水沟、排水沟等设施。雨季施工时要加强工地临时排水，各施工作业面应及时整平、压实、封闭。填方地段施工作业面应根据土质情况和气候条件做成 2%～4% 的排水横坡；挖方路基施工作业面应根据路堑纵横断面情况，采取有效措施把积水排除。当地下水位较高或者有地下水渗流时，应根据地下水的位置和流量设置渗沟等适宜的地下排水设施。

③合理取土、弃土。施工时取土、弃土应从方便路基施工、节约用地、保护耕地和农田水利设施等角度考虑，并注意取土、弃土后的排水畅通，避免对路基造成不利影响。

④注意保护生态环境。路基施工时应尽量减少对自然植被及地形地貌的破坏，以免造成水土流失，不能避免时应适当进行绿地恢复。施工时清除的杂物应区别情况，予以妥善处理，不得随意倾弃于河流及水域中。

⑤应因地制宜，合理利用当地材料和工业废料修筑路基，有效降低工程造价。

⑥确保安全施工。必须贯彻安全生产的方针，制定施工安全措施，加强安全教育和检查，严格执行安全操作规程，避免造成人员伤亡和财产损失。

路基施工是公路施工的重要组成部分，在公路施工中一定要保证路基施工质量，消除隐患，确保公路建设的顺利进行，以及建成通车后的正常运营。

（二）路基施工技术

1.地基加固处理技术

（1）土工合成材料施工。

土工合成材料多用于路基加固与边坡防护，其施工要点在于：

①土工合成材料的规格应符合设计要求。

②铺设前，下承层面应平整，铺设时应拉抻、拉紧，并采取措施固定。

③铺设多层土工材料时，其上、下层接缝应错开一定的距离。

④注意对已经铺设材料的保护。

（2）堆载预压。

堆载预压的目的：预压土是将超过设计荷载加在地基上，经超载预压一段时间后，再卸载预压土。经过预压后，受压土层各点的有效竖向应力大于设计荷载引起的相应点的附加总应力，则今后在设计荷载作用下地基土不会再发生主固结沉降，同时减小了次固结沉降，并推迟了次固结沉降的发生。

一般路基基床底层在施工后，要开始填筑预压土方，堆载预压土方的底面铺1层土工布，土工布幅宽大于或等于 2.0m，并考虑 0.2m 的搭接，铺设宽度大于堆载范围，每次测量应大于或等于 1.5m，预压土碾压后平均重度应大于或等于 18kN/m^3。预压土堆载高度为 3.0m，堆载边坡坡度 1:1，工点端部纵向边坡以 1:2 坡度向外延伸，桥头已架设地段以 1:2 坡度向桥上延伸。堆载预压时间为 6 个月，具体卸载时间应根据沉降观测资料推算确定。

（3）强夯。

强夯法又名动力固结法或动力压实法。这种方法是反复将夯锤（质量一般为 10～40t）提到一定高度使其自由落下（落距一般为 10～40m），给地基以冲击和振动能量，从而提高地基的承载力并降低其压缩性，改善地基性能。

强夯法适用于处理碎石土、砂土、低饱和度的粉土与黏性土、湿陷性黄土、素填土和杂填土等地基。

（4）冲击压实。

冲击压实技术是一种与冲击式压路机相结合的新型地基、土方工程压实技术，其击实可达 2 000～2 500kJ，在公路及土坝工程中也有应用，其多用于路基的填前碾压、分层填土压实和填方达到标高后的追密压实等。

冲击压路机是用三边形轮子来产生集中的冲击能量达到压实土石填料的目的，由配套的重型工业牵引车在前方牵引。冲击压路机以其静能量来标定，能量以 kJ 计：

$$E = mgh$$

式中，E 为能量，kJ；m 为动力不见的重量，kg；g 为重力常数，9.8m/s²；h 为轮子外半径 R 同内半径 r 的差值，$h=R-r$。

施工要点：采用装载机或其他牵引机以 10 ～ 15km/h 的速度（根据机械参数控制在最佳速度），从路堤外侧边缘绕圈进行碾压。

①在路堤碾压时，压路机应与路基边缘保持 0.6m 的安全距离，与结构物保持 3 ～ 5m 的安全距离；下有涵洞时，应确保涵洞顶填土厚度大于或等于 2m。

②施工中应重视压轮的横向重叠和纵向错轮问题，重叠和错轮达不到要求时应及时予以调整，确保路基均匀受压。

③对于已经形成路拱的路堤，冲击碾压应在路基横向上从低向高进行，即从路基边缘向中线进行。

④碾压完成后，采用平地机平整场地，振动压路机将表层碾压密实。

（5）CFG 桩。

CFG 桩是水泥粉煤灰碎石桩的简称，由水泥、粉煤灰、碎石、石屑或砂加水拌和制成的一高黏结强度桩，多用于处理黏性土、粉土、砂土和已自重固结的素填土等地基，其受力和变形特性与素混凝土桩相似。

CFG 桩可以采用长螺旋钻孔灌注成桩法、长螺旋钻孔管内泵压混合料灌注成桩法及振动沉管灌注成桩法。具体施工方法应根据设计要求和现场地基土的性质、埋深，场地周边是否有居民，有无对振动反应敏感的设备等多种因素进行选择。

对于黏性土、粉土、淤泥质土采用振动沉管灌注成桩法。

对存在夹有硬土层地质条件的地区，使用振动沉管机施工会对已成的桩造成较大的振动，导致桩体被振裂或振断。对于灵敏度较高的土，振动会造成土的结构强度破坏、承载力下降。此时宜采用螺旋钻预引孔，再用振动沉管灌注成桩法。

（6）刚性桩网结构。

刚性桩网结构的作用原理是上部填土和其他荷载通过独立桩帽上铺设的高强土工织物传递到桩上，通过合理的应力分摊之后，由桩土之间的共同作用来承受上部荷载，以便于控制路基的初始稳定和沉降，尤其是不均匀沉降。刚性桩网结构的施工方法有打入桩、钻孔灌注桩等形式，现场多采用打入桩（管桩、方桩）结构。钻孔灌注桩的施工需要采用合适的钻机，其工艺与所选用的钻机类型相匹配。在对已经填筑路基进行加固处理时，多采用干法成孔，故多采用螺旋钻机、旋挖钻机等设备。打入桩一般采用预制钢筋混凝土管桩或方桩，根据地质条件、桩型和桩体承载力可采用锤击法、振动法或静力法打入。

（7）刚性桩板结构。

刚性桩板结构由下部钢筋混凝土桩基和上部钢筋混凝土承载板组成，钢筋混凝土承载板下部直接与路堤相连接，上部与上部结构相连接或者直接作为路面结构。施工重点：桩板结构桩基础一般为 1.2m 大直径桩，由于桩基施工是在路堤填土上面施工，为了减少施工对其造成的不利影响，一般采用干法作业，需要选择合适的钻机进行。普通旋转钻机、冲击钻机等由于需要泥浆护壁，多不满足施工要求。建议采用旋挖钻机或全套筒钻机，配备相应的入土、入岩钻头。

（8）岩溶注浆及嵌补。

岩溶注浆处理采用钻孔注浆的方法，把水泥浆液（可含粗砂、碎石）压入一定范围内的溶洞、岩溶通道、裂隙，将其填充密实，待其凝结硬化后，使岩溶基础整体加固，提高路基承载能力。对于基床厚度范围内的溶沟、溶槽，将突出的坚硬岩石进行清爆，将堆积填充物予以换填，基床范围换填 C15 片石混凝土。对于影响路堑边坡稳定的坡面上的溶洞、溶槽和溶蚀凹坎，采取 M7.5 浆砌片石嵌补支顶加固。对于规模不大、有塌陷坑或土洞较深、开挖回填有困难的岩溶，一般以梁板跨越，梁板两端支承在可靠的岩体或土体上。根据梁板的尺寸及现场具体情况，考虑采用预制梁板结构，然后吊装到位或者采用现场浇筑法。

2. 路基填筑技术

（1）改良土施工。

填料改良：在原土中添加某种材料，使之与土发生一定的物理化学反应，以改变原土的物理力学性质。填料改良已在国内外高速铁路、公路土方工程中广泛应用，各国均制定了自己的"技术准则"或"工法"。

物理改良：通过在原土中添加某种粒径的土（石）料，改善其级配特性，提高物理力学性能及压实性。

化学改良：通过在原土中添加固化剂（水泥、石灰、粉煤灰等）使之发生物理化学反应（如阳离子交换、胶凝、碳化结块等作用），改善土的物理力学性质，增加强度。

基床表层采用级配碎石，基床底层及以下采用路堑、隧道弃渣之 A、B 组填料（应满足颗粒粒度和级配要求），缺乏 A、B 组填料地段，设置 A、B 组填料集中取土场。

（2）基床表层施工。

基床表层多铺设级配碎石，对于大面积的连续施工，可以采用摊铺机进行摊铺作业，但对于小面积、间断不连续地段的铺设，应结合现场选择合适的机械，精心组织施工、严格控制，保证施工质量。

（3）沥青混凝土施工。

客运专线铁路在基床表层采用沥青混凝土作为路基防排水层。具体施工方法参照相关规定进行施工。

（4）过渡段施工。

过渡段指路堤与各种结构物之间，路堤与路堑、路堑与隧道等衔接处的过渡区域。过渡段是影响线路平顺性的薄弱环节。为了保证线路在过渡段的刚度和施工后沉降平稳过渡，设计上采取了多种措施进行处理。

（5）质量检测。

现场路基填筑施工质量检测作为控制施工质量的一个手段，应严格按照相关规范中的操作规定进行试验操作。客运专线铁路路基填筑质量除了常规的质量检测方法外，还引入了 E_{vd}、E_{v2} 等检测手段。

3. 施工监测技术

路基施工监测工作包括了地基沉降观测和边坡稳定性观测等内容。观测的目的在于通过施工期间观测数据分析、判定路基结构的稳定性，同时通过长期观测数据的分析评价路基结构的变形发展情况，为后续施工提供理论支持。

（1）地基沉降观测的目的。

沉降推算：根据实测沉降观测资料，利用数学方法对后期沉降速率、总沉降量，以及施工后的沉降值进行计算分析。地基沉降观测是确保客运专线路基，尤其是松软土路基沉降得到有效控制的必须环节（工序）。

预测预压时间：在施工期任意时刻（T_N），根据拟合曲线计算出满足施工后沉降的时间（T），预测还需预压的时间（$T-T_N$），指导下一步施工计划的安排。

预测施工期沉降：合理预留沉降量。

过程控制：根据沉降观测资料控制填土速率，及时评价地基加固措施的有效性。

（2）路基沉降观测系统。

电测元件沉降板、位移边桩常规观测要求：按二级沉降观测要求，使用路基沉降观测系统 DS1 或 DS05 型水准仪、因瓦合金标尺，按光学测微法观测。实施过程中应参照相关规定进行。

二、土质路堤填筑

路堤填筑施工按三阶段、四区段、八流程水平分层填筑。三阶段：准备阶段→施工阶段→检查签证阶段；四区段：填筑区→摊铺平整区→碾压区→检验区；八流程：施工准备→基底处理→分层填筑→摊铺整平→碾压夯实→检验签证→路面基成型→边坡整修。

（一）施工准备

路堤工程开工前组织技术人员认真完成技术准备工作，主要包括全面熟悉施工设计图纸并进行核对；全面进行地质核查；交接桩及施工复测；测量、补桩、画线、复测导线点和水准控制点，并在施工范围内全面恢复中线；填料调查及试验；建设工地试验室；编制实施性施工组织设计及开工报告；进行技术培训等。同时施工队完成现场各项准备工作，主要包括修建进场便道，设置排水系统，建级配碎（砂砾）石、改良土拌和站等。

（二）清基及地表处理

路基放样结束后将填筑范围内的树木进行砍伐清理，将原地面表层的杂草、树根等杂物全部按设计要求清理干净，并挖好临时排水沟。在填筑前按照设计和规范要求进行基底清理、平整和碾压作业，使基底土层的强度和密度大致达到设计标准。基底按规定做出地面横坡，对不符合规定的原地面横坡要进行处理，使地面平顺无坑，以利于排水。对有地下裂隙水的部位，设置排水盲沟。

（三）试验段填筑

为指导路基填筑施工，掌握路基填筑施工的参数，保证路基工程达到优良，在正式施工前对不同填料、不同改良措施的路基进行工艺试验，确定填筑及改良工艺、技术参数及质量控制措施。选取典型的路基填筑地段进行路基试验段填筑施工，试验段长度应按不少于200m考虑，通过试验段确定本标段各种路基填料的填筑厚度、最佳含水量、碾压遍数及各类机具的合理配置等方案，结合设计、规范要求，以此指导本标段的路基填筑施工。

（四）基床以下路堤填筑工艺及方法

逐段实施路基放样，用白灰标定边界范围。路堤填筑前，先根据填土高度和试验确定的分层厚度、压实机械及技术参数等，计算出分层数、松铺厚度及碾压遍数，现场绘出分层施工图，以便控制填土高度，科学安排施工进度，合理调配施工机械。试验段取得的施工参数、施工机械组合及碾压工艺等按"三阶段、四区段、八流程"的方法进行路基填筑施工。施工按填筑分层和作业区分段的方式，进行横断面全宽、纵向分层填筑。推土机配合装载机或挖掘机装料，自卸汽车运输，采用推土机配合平地机摊铺平整，振动压路机压实。

（五）路基填筑质量检验

用核子密度仪和 E_{vd} 动弹模量检测仪进行检测，然后根据试铺段建立的核子密度仪和灌砂法及 K_{30} 和 E_{vd}、E_{v2} 法之间的相互关系初步判断，达到要求后，再用灌砂法和 $K30$ 检测，提高检测效率，确保检测的时效性、真实性，避免因路基压实质量不合格而重复检测。

三、土质路堑开挖

路堑开挖是路基施工中工程量最大、最普遍的施工内容，需多种机械进行施工。路堑可以分为土质路堑和石质路堑，此处着重讲述土质路堑的开挖问题。

（一）路堑开挖的特点

（1）开挖前均应先开挖截水沟，设法引走一切可能影响边坡稳定的地面水和地下水。

（2）开挖时应按横断面自上而下，切不可逆转施工。

（3）在地质不良拟设挡土墙的路堑中，路堑应分段开挖。

（4）路堑弃土应按要求整齐地堆放在路基一侧或两侧。

（5）松软土地带或其他不符合要求的土质地段，要采取各种稳定处理措施。

（二）土质路堑的开挖方法

路堑开挖是将路基范围内设计标高之上的天然土体挖除，并运到填方地段或其他指定地点的施工活动。

1. 横挖法

在路线一端或两端沿线呈纵向向前开挖。路基有双层时，下层留有上层操作的出土和排水通道。适用于平缓地面上短而浅的土石路堑，用挖装、车运机具施工。

2. 纵挖法

沿路堑纵向挖掘工作通道，再逐渐向两侧横挖。本法便于安排土方运输和展开工作断面，当开挖深度较大时，可将深度分成几个层次，安排多组机械施工班组在不同层次和前后错开的作业面上开挖。纵挖法适用于开挖量大、较长的路堑。

3. 混合式开挖法

若开挖断面宽，开挖量大，可在开挖纵向通道的基础上再在横向开挖通道，提高工作效率。

4. 分段掘进法

若开挖长且开挖量大的路堑，可以沿路堑纵向选择一个或几个适宜处，将较薄的一侧路堑横向挖穿，将路堑在纵向分成几段，安排多组机械施工班组开挖断面，同时掘进。

（三）路堑开挖原则及注意事项

1. 坡顶坡面检查

对危石、裂缝或其他不稳定情况必须进行妥善处理。开挖时，首先将表层腐殖土推开弃至指定弃土场，然后将土调配至填方路堤段进行填土，若发现有不合格土时同样将其弃至弃土场。

2. 开挖顺序

开挖从上而下、由中心向两边，逐层顺坡开挖，严禁掏底开挖。开挖过程中随时进行刷坡处理，使边坡一次成型。深挖路堑还应修出降坡台阶。

在岩层走向、倾角不利于边坡稳定及施工安全的地段，改成顺层开挖，不挖断岩层，采取措施减弱施工振动。在设有挡墙的上述地段，采取短开挖或马口开挖，并设临时防护等措施。

3. 做防护层

在有护坡的边坡，当防护不能紧跟开挖时，暂时留一定的保护层，待做防护层时再顺坡挖够。

（四）土质路堑开挖应注意的问题

（1）路基开挖施工前，先修砌好截水沟。

（2）开挖土方地段有含水层时，先行排水、止水，再行开挖。

（3）土方地段的挖方路基施工标高，要考虑因压实而产生的下沉量，其值由试验确定；对路基设计标高表层的土做土工试验，如不符合规定，进行清除换填处理。

（4）开挖过程中，派专人仔细调查开挖坡面的稳定情况，发现问题及时加固处理。

（5）加强测量控制，边坡随开挖随成型，保持边坡平顺。

（6）路堑开挖前，应对路基用地范围内的树木、灌木丛进行砍伐或移植清理，对于房屋、电线杆等一些设施要拆除。

（7）路堑开挖前，先做好截水沟，截水沟必须通过坑凹处时，应按路堤填筑要求将坑凹处填平压实，然后开挖，防止不均匀沉陷和变形，开挖过程中，路基表面应设纵向、横向流水坡及出水口，以利于雨季的排水。

（8）开挖路堑应根据边桩位置，预留 20～30cm 的保护层，以利于人工修坡，施工时逐层控制。边坡应挂线施工，保证边坡的平顺。

（9）严格按设计图纸尺寸自上而下开挖，不得欠挖和超挖。严禁用爆破法和掏洞法开挖土方。

（10）路堑开挖过程中，发现土层性质有变化时，及时报监理工程师，合理修改方案。

（11）路堑开挖过程中，当路堑或边坡内发生地下水渗流时，应根据渗流水的位置及流量大小采取设置排水沟、集水井、渗沟等措施降低地下水位或将地下水排走。

（12）路堑开挖时应顺接好各台阶水沟，注意水沟的流水方向，台阶的半整度、宽度。对于土层性质发生变化地段的台阶，应根据现场实际情况报请监理工程师批准，加强边坡的防护。

（13）路堑路基开挖至路面标高时，应预留因压实而产生的下沉量。

第三节　沥青路面施工

一、材料质量要求

根据路面结构强度、承载任务、材料组成、使用品质等对路面等级进行划分，可以分为高级路面、次高级路面、中级路面和低级路面。高级路面的面层在铺设时使用的材料多为沥青混凝土、水泥混凝土；次高级路面的面层在铺设时使用的材料基本是沥青灌入式、沥青碎石、沥青表面处置；中级路面的面层在铺设时则采用碎石、砾石、其他粒料等；低级路面的面层在铺设时多使用固土、改善土、其他材料添加粒料作为铺设原材料。

道路面层使用沥青作为铺设原料，和水泥混凝土相比，沥青能够让路面更加平整，而且无接缝、低噪声，施工的时间也更短。因此很多路面的铺设都是用沥青作为原料。沥青路面的强度、稳定性等都同沥青和其他原材料的性能密切相关。只有使用高质量的原材料，才能确保沥青路面铺设后的质量。因此，必须选择符合标准的原材料作为沥青路面的铺设原料。

（一）沥青

经常铺设路段的沥青材料主要有道路石油沥青、乳化沥青、液体石油沥青、煤沥青、改性沥青等。根据路面类型、交通量、矿料性质、气候条件、施工方法及材料来源等条件选用适合铺设路面的沥青种类及沥青标号。

1. 道路石油沥青

道路石油沥青适用于各级各类沥青路面。各个沥青等级的适用范围应符合表4-3 的规定。

表4-3 道路石油沥青的适用范围

沥青等级	适用范围
A 级沥青	各个等级的公路，适用于任何场合和层次
B 级沥青	①高速公路、一级公路沥青路面下面层及以下的层次，二级及二级以下公路的各个层次。 ②用于改性沥青、乳化沥青、改性乳化沥青、稀释沥青的基质沥青
C 级沥青	三级及三级以下公路的各个层次

在铺设沥青路面时，很多条件都会影响铺设效果，如气候条件、交通条件、施工方法等，为了做好铺设准备，需要明确这些外界的影响条件，并结合实际需求进行合理的调整。另外，在施工时，还应该根据以往的技术和经验，结合施工公路的等级、路面类型、路面结构等选择适宜的沥青型号。

不同的路段使用的沥青型号不同。一般高速公路、一级公路、山区路段、重载交通路段、夏季高温且冬季低温的公路等，所使用的沥青材料应该是低温盐度较大且稠度较小的沥青；而一些温差较大的区域的路段，选择的沥青材料类型为针入度指数较大的。如果选择材料时高温和低温有较大矛盾，需要选择能够满足高温性能要求的沥青，如果所需的沥青型号不足时，应该将其他型号的沥青根据相应的标准比例进行试验配比，直到配比的沥青达到规范标准的型号为止。

应该根据不同的沥青品种和型号分别存储。沥青长期不使用，可以在自然温度下存储。沥青一般要存储在温度在 130℃ 以上、170℃ 以下的储存罐中。这是因为当存储的温度过高时，沥青会加速老化，而温度过低又会导致难以进行供给。一般将沥青进行桶装后，沥青桶要直立摆放，上面放布遮盖。无论是存放还是运输，防水措施都是必需的，如果雨水或热的蒸汽等进入沥青，会影响沥青的使用效果。

2. 乳化沥青

在对沥青路面进行裂缝修补，或者对透层、黏层、封层等进程处理时，可以使用乳化石油沥青作为材料。通常乳化石油沥青能够用在沥青表面，用于处置路面、沥青灌入式路面、冷拌沥青混合料路面的铺设。铺设路面的乳化沥青要有符合标准的质量，当施工条件温度较高时，使用的乳化沥青应选择较大黏度的；当施工温度较低时，使用的乳化沥青则应选择较小黏度的。

路面进行养护和维修时，不用预先对乳化沥青机芯加热，这样能够避免给环境带来更多的污染。在一些温度较低的施工环境中，可以使用阳离子乳化沥青，而在碱性、干燥的石料中，需要加入阴离子乳化沥青，可以和水泥、石灰等拌和在一起作为铺设材料。要根据实际需要来选择具有适宜乳化速度和黏度的乳化沥青。制作乳化沥青可以使用胶体磨或匀油机，在制作中加入乳化剂，其用量不宜过多，只要在沥青质量的 0.3% ~ 0.8% 即可。尽量控制乳化沥青制作时的温度，乳化剂水溶液的温度在 40 ~ 70℃，而乳化沥青则为 120 ~ 160℃ 即可。当制作好乳化沥青后，不能长时间搁置，应立刻使用。如果不能马上使用，可以放入立式罐中保存。存放时要避免冻结、离析、破乳等情况出现，如果是长时间存放，也要定期抽样检查，质量不符合的就不能用于路面建设。

3. 液体石油沥青

道路建设所用的液体石油沥青，其主要成分是石油沥青，通过将石油沥青用汽油、煤油、柴油等进行稀释后形成，因此也被称为稀释沥青。在制作透层、黏层的沥青原料时会使用液体石油沥青作为材料，沥青路面的养护也会用到。一般在使用液体石油沥青时，要结合实际路面情况和具体需求。所选择的液体石油沥青要满足质量标准，其凝结型号也各有不同。制作液体石油沥青，所选择的石油沥青需要较大的针入度，并且也要先对石油沥青进行加热，然后再向其中添加汽油、柴油等稀释剂，经过搅拌和稀释后，液体石油沥青就制成了。根据实际的需求来选择石油沥青和稀释剂的搭配比例。制作液体石油沥青的过程中，要保持良好的通风，加热的温度要在140℃以下，将液体石油沥青用立体罐封存，其温度也要在50℃以下，存储后要有专门的人负责看管。

4. 煤沥青

在道路建设时还会用到煤沥青，煤沥青是在沥青中添加了相应煤渣制成的。一般会根据建设施工的具体气候条件、施工温度等选择使用。不同等级的路面建设所使用的煤沥青规格也不同。其中，各级公路的基层透层可采用T-1、T-2级别的煤沥青，其他级别的煤沥青并不适用于喷洒，应进行稀释后再作为施工材料；三级和三级以下的公路表面或者灌入式沥青路面的建设可使用T-5、T-6、T-7等级的煤沥青材料。使用煤沥青时，为了让煤沥青的渗透性得到提升，一般会加入液体石油沥青、乳化沥青等。

在使用煤沥青时，不能把沥青混合料进行热拌热铺，制成后应尽快使用，不能长期储存，应在70～90℃的温度下储存。对于储存时间较长的煤沥青，应抽样检查，符合质量标准后方可投入使用。

5. 改性沥青

在沥青中添加橡胶树脂、橡胶粉、改性剂等，使混合料的性能得到相应改变，所得到的沥青被称为改性沥青。

改性沥青既可以单独加入高分子聚合物或别的改性材料制作，又可以将这些材料复合添加在沥青中制作而成。所使用的聚合物要符合添加的要求，如果不符合要求，需要根据实际情况进行试验后再制定适合的技术要求。

所添加的改性剂应该同沥青相互之间的配合性是比较好的，这样才能保证制成的改性沥青的质量满足道路铺设施工的需求。施工单位购买改性沥青时，要从供应商处获得改性沥青的质量报告，同时要获取沥青样品和相关的质检报告。在改性沥青中，固体物质的含量要在45%以上，不能在暴晒、冰冻的条件下使用改性沥青。改性沥青要在固定的工厂内制作，同时也要采取规定的剂量配备标准。此外，拌和场也可以作为改性沥青制作的场所，加工改性沥青的温度要在180℃以下。在拌和缸中加入乳胶改性剂或颗粒改性剂，就能配置成改性沥青混合料。

制作改性沥青的设备具有对样品采集的取样口，可以在现场完成对采样的灌模。在工厂中制成改性沥青后，需要利用改性沥青罐存储后运输到施工现场，然后用相应的搅拌设备搅拌，直到搅拌均匀后才能投入使用。施工前要对改性沥青进行抽样检查，检验其质量是否符合标准。当改性沥青出现离析的情况时，就不能用在施工建设中了。

（二）矿料

用于沥青的混合料中可以添加一定的矿料，一般可以是粗集料、细集料、填料等不同类型。用粗集料和细集料能够形成沥青混合料的骨架，而填料则作为骨架间隙中的胶浆使各部分能够相互黏结，从而提升沥青混合料的强度，在外界环境下有着更强的荷载能力。

1. 粗集料

在沥青中所添加的粗集料，可以作为沥青混合料的骨架，粗集料应该保持干净没有杂质，而且不能风化，其耐磨性也较高，其在填入沥青后的粘附性比较高，最好是立方体形的颗粒状。在沥青混合料中所添加的粗集料可以是碎石、破碎砾石，也可以是矿渣、钢渣等。在三级或三级以下的公路表面使用沥青混合料时，使用的粗集料可以采用筛选砾石，而且应该保证粗集料的粒径符合标准，如果质量不达标，则不可添加在混合料中。

2. 细集料

沥青混合料中选择的细集料要保持干净无杂质，也不能风化，这样的沥青粘附性较高。一般所选择的细集料为天然砂、石屑、机制砂等，其粒径要在 5mm 以下。对细集料的洁净度有较高的要求，以相应材料的百分比含量表示，其中天然砂是 0.075mm 以下的百分比含量，石屑和机制砂以砂当量（适用于 0 ~ 4.75mm）或亚甲蓝值表示。所选用的天然砂可以是河砂，也可以是海砂，砂的规格要符合实际使用的标准。在对天然砂进行开采时，应同当地部门沟通并确定许可后方可进行开采，开采要符合环境保护原则。配制热拌密级配沥青混合料时，所使用的天然砂要在集料总量的 20% 以下，而且天然砂一般不用于 SMA（沥青玛蹄脂碎石混合料）和 OGFC（开级配抗滑表层）混合料的配料中。石屑一般是采石场中所筛下的适合作为沥青混合料的碎石料，可以利用抽吸设备来收集石屑。将 S14 和 S16 混合作为高速公路、一级公路所使用的沥青混合料，S15 则作为沥青稳定碎石层的混合料。将天然砂、机制砂作为热拌沥青混合料的细集料，如果没有天然砂作为细集料，也可以用石屑代替。对于高速公路、一级公路的路面建设，在铺设沥青混凝土面层或抗滑表层时，添加的石屑量应该少于天然砂、机制砂的量，这样才能更便于施工，而且沥青混合料的压实性也比较高。

3. 填料

将石灰岩、岩浆岩等石料进行磨细后形成矿粉，就能够作为填料了，这种填料的强基性高，具有一定的憎水性。粉煤灰也能作为填料，并且附带碱性，能够同沥青很好地黏结在一起，不过在使用时应该同矿粉的质量相当。填料的粒径小，表面积大，能够提升沥青混合料的黏结力，让沥青混合料在一定程度上提高了强度。用于做填料的矿粉要保证其清洁和干燥，不可以有团粒，符合使用的质量标准才可作为填料。

将粉煤灰用于填料时，其使用量要占总填料的50%以下，而且其烧矢量不能超过12%。当粉煤灰同矿粉混合后，要确保其塑性指数在4%以下，保证同矿粉有着同样的质量。一般在建设高速公路、一级公路沥青路面时，其填料中不适用粉煤灰。

4.纤维稳定剂

在SMA混合料中使用稳定剂，在普通沥青混合料中也会添加稳定剂。经常用作稳定剂的有木质素纤维、矿物纤维等。用在混合料中的稳定剂纤维应该符合环境保护的要求，而且当干拌温度在250℃时不能变脆和变质，不会产生有危害的物质。在对混合料进行拌和时，尽量将混合料搅拌均匀。

二、热拌沥青混合料路面机械施工

（一）施工准备

1.施工材料、机具准备

首先，进行原材料质量检查。沥青的标号和性能指标符合要求，如沥青的针入度、延度、软化点、蜡含量和密度等要通过试验进行确定。矿料的质量应符合技术要求，如石料的等级、保水抗压度、磨耗率、压碎值、磨光值以及与沥青的黏结力等技术指标是否符合要求。砂、石屑和矿粉应满足规定的质量要求。

其次，施工机械的选型和配套。根据工程量的大小、工期的要求、工程质量的要求、施工现场条件等，确定合理的机械类型、数量及组合方式，使施工能够连续、均衡、高效地进行。

最后，施工机械组合。在摊铺沥青混合料时，主要使用的机械为摊铺机、拌和机、自卸汽车、碾压设备，这些设备相互之间配合使用，能够很好地完成对沥青料的摊铺工作。在摊铺过程中，要保证拌和设备和摊铺设备之间的密切配合，不能出现物料供应不上的情况，尽量避免停机待料的事情发生。根据相关实践分析，应该保证摊铺机组的摊铺能力比拌和设备的拌和能力高10%～15%。因为在摊铺过程中，会存在很多复杂的情况，例如摊铺机自身可能存在状况，操作人员的熟练度不够等，这就需要对摊铺机进行调整。摊铺过程中还会出现设备故障，如发动机、液压系统等出现问题，或者运输问题、弯道摊铺、天气原因等，都会降低摊铺的速度。因此实际摊铺所运用的摊铺用料量会比理论摊铺用料量要小得多。在使用运输车时，根据用料的装料量和卸料量等安排运输车的数量，也要做好对各个环节使用时间的规划。还要对运输距离、运输路况进行明确和调整，确保摊铺时使用的用料量满足实际摊铺需求。在使用压实设备时，应根据摊铺速度来确定碾压长度，使碾压设备得到合理运用。

2. 铺筑试验路段

铺筑试验路段能够对施工的方案进行试验，从而对施工可行性有了实质的了解，然后对试验后的方案进行修改和完善，使方案更加适宜施工。

热板热普沥青混合料路面也可以进行试验路段的铺筑，不过需要进行试拌和试铺。具体的试验路段铺筑内容有以下方面：

（1）结合路面具体的施工情况选择合适的施工器械，按照相应数量的器械搭配出有效的施工器械组合。

（2）对拌和机的拌和速度、时间、温度等进行确定，也要明确其上料速度。

（3）进行试验路段的铺设，对沥青的用量、喷洒方式、喷砂温度、实用型号等进行确定；明确摊铺机的摊铺速度、宽度和找平；明确压路机的碾压温度、速度、遍数以及压实的顺序；明确接缝的形式和松铺系数。

（4）通过对沥青混合料的配比进行试验，总结铺筑使用的沥青和矿料的适宜用量。

（5）测定密实度的对比情况，可以采用钻孔法、核子密度仪法等。还应对沥青碎石面层、粗粒式沥青混凝土的压实密度进行测量。

（6）总结实际的施工量和长度，据此制定可靠的施工计划。

（7）对施工所用的材料进行检查，并确保施工质量符合标准。

（8）明确具体的施工人数，并规范施工管理制度、体系，建立有效的指挥和联系方式。

对试验路段进行铺筑，要记录好铺筑的具体过程和结果，相关监督部门要对铺筑过程进行监督，同时也要对施工质量展开检验，并对测定的结果同施工单位进行总结。完成试验路段的铺筑后，施工单位需要进行试验报告的总结，然后向主管部门提交报告，当主管部门批准后才可继续开展施工工作。

3. 沥青混合料的拌制

（1）沥青混合料的拌制要求。

拌制高等级公路路面铺筑所需的沥青混合料，需要在专门的拌和厂中进行，还要使用专门的拌和机进行拌制。所使用的混合料应符合沥青混合料的质量要求，按照相应的配料比例进行配制，采用规范的拌和工艺流程进行拌和，掌握拌和的时间和温度，使混合料的拌和质量符合标准。

进行拌制时，还应对沥青混合料进行抽样检查，以检验混合料的性能和级配情况。拌和结束后，对拌和设备进行清洗，为下次拌和做准备。还要对以往的检查情况做记录，如果沥青混合料被检测出不符合标准，就不能出厂用于施工。

符合标准的沥青混合料应有均匀的色泽，中间没有团结块、花白料，也不会出现离析的现象。如果混合料的质量不达标应立即废弃，然后重新调整工艺。沥青混合料拌和完成后，如果不能马上投入使用，可以将其存放在存储桶中，根据摊铺具体需求来安排存放的时间和温度。

（2）拌和质量检查。

对拌和质量进行检查，主要检查拌和的温度，利用马歇尔实验抽样检测，对检测结果做记录。要保证沥青混合料的拌和质量，首先要控制好温度，需要在装车时利用温度计、红外测温仪等对混合料进行测温，而且还要利用马歇尔实验来测试具体的稳定度、流值、空隙率等，以保证拌和质量符合标准。还应对沥青的用量进行确定，抽查其中的级配组成和其他相关数据，从而明确沥青混合料的具体拌和质量。

4. 沥青混合料的运输

在运输沥青混合料时，所选择的运输工具为自卸汽车，其吨位比较高。自卸汽车的车厢要保持清洁，将油水混合液涂抹在车厢的内壁上，然后将拌和机中的沥青混合料放入车厢中。每放一料斗混合料，车身应向前挪动一下，确保混合料不会出现离析的情况。为了保证车厢里混合料的质量，还应做好防雨、防污染等工作，可在车厢侧向上覆盖篷布，夏季短于 0.5h 时间的运输不需覆盖篷布。等待卸料时，自卸车要停在摊铺机 100 ~ 300mm 前，不能与摊铺机发生碰撞，将自卸车挂上空挡，摊铺机能够对其进行推动向前行进，这样可以保证施工路段摊铺更加平整。如果混合料出现结块或已经被雨淋湿，就不能继续用于施工。

（二）摊铺准备

1. 下承层准备

沥青路面的基层、连接层、面层下层等都属于下承层。对下承层的铺筑结束后，经过了检查验收，但在上层施工前需要一点时间间隔，而此期间会因为下雨、施工车辆同行等破坏了下承层的完整度，这就需要对其做出相应的处理。如果基层变得软弹或松散，就需要进行维修了。如果沥青类联结层下层表面出现泥泞，应用水进行冲洗，使其变得干净。下承层的质量保证是至关重要的，会影响到路面的层间结合，也会对路面强度带来影响，因此要保证下承层铺筑的质量。对于透层、黏层进行浇洒或保持下承层表面的平整，这些都有利于提升路面的强度，同时也要合理设计路拱横坡，使其强度和刚度符合标准。

2.施工放样

施工放样的内容有高程测定和平面控制两部分。进行高程测定是为了能够对下承层表面高程进行测定，从而确定其和设计的高程具体的数值之间的差异，这有利于挂线时对设计数值进行调整，从而使施工层的厚度更为准确。通过高程测定后，所得到的高程值可以为挂线标准提供依据，从而使摊铺厚度得到有效控制。

进行高程放样时要综合下层高程差值、厚度、本层应铺厚度等因素，从而确定挂线桩顶的高程值，据此完成打桩挂线的施工任务。如果下承层没有设计足够的厚度，本层就应该将这个厚度加上。当下承层的厚度足够，高程却不足，应该结合设计的高程进行放样；如果下承层厚度和高程都比设计的值大，需要结合本层厚度进行放样；如果下承层的厚度和高程都小于设计值时，要结合差值进行放样。沥青路面的铺设需要确保其总厚度，高程也应在适宜的标准范围内，不可超出过多。如果厚度和高程存在矛盾时，放样首先要以厚度为准，并且也应将实测的松铺系数计入其中。

3.摊铺机的检查

在施工前应检查摊铺机，确保摊铺机的各工种装置都处于良好的性能。调试闸门、螺旋布料器、振动梁、刮板输送器、熨平板等部件，当各个部件都处于正常状态时，就可以进行摊铺工作了。如果检查时发现哪个部件的状态不正常或存在故障，就应该立刻解决。

（三）沥青混合料的摊铺

1.调整、确定摊铺机的参数

在摊铺机进行工作前，需要对其参数进行调整，无论是机构参数还是运行参数，只有符合摊铺机的工作规范才能确保摊铺施工的顺利开展。摊铺机需要调整的机构参数主要是熨平板宽度和拱度、摊铺宽度等。

摊铺宽度是摊铺机在摊铺时所能达到的最大宽度，保持摊铺机的最大摊铺宽度能够让摊铺次数减少，还能避免过多的纵向接缝，让摊铺的质量得到提升。摊铺机的最小摊铺宽度应该高于标准摊铺宽度，而且尽量保证两个摊铺层在纵向上的接缝错位超过30cm。摊铺机的摊铺厚度应该通过两块5～10cm宽的长方木作为衡量的标准，这两块长方木同熨平板在纵向上有相同的长度，长方木的厚度等于摊铺厚度。把熨平板抬起后，在其下面放置长方木，再把熨平板放好，调整厚度调节螺杆，其位置处于微量间隙中值的部分。不同的摊铺机，其熨平板的拱度和工作迎角都是不同的，需要根据具体的路段铺设需求来调节。

摊铺机的运行参数决定了摊铺机在摊铺时的工作速度，为了更好地提升其工作速度，加强摊铺机的工作效率，需要合理设置运行参数，确保摊铺质量。当摊铺的速度太快时，就会导致混合料供应产生困难，摊铺层也变得过于松散，而且机器在停止等待混合料供给时，容易导致摊铺层出现台阶，这会使混合料的平整度受到影响，也不利于对摊铺层表面压实。如果摊铺的速度经常变化，快慢不能合理掌控，就会导致混合料的平整度、密实度不符合要求。为此，需要在保证混合料有序生产和供应的条件下，合理稳定地控制摊铺机的摊铺速率，确保摊铺作业的连续性和稳定性。

2. 摊铺作业

对热拌沥青混合料的摊铺，需要使用沥青摊铺机来完成摊铺任务，而履带式摊铺机则主要用于改性沥青混合料、SMA的摊铺，多在有黏层油的路面铺设时使用。在进行摊铺前，需要对摊铺机受料斗进行处理，把隔离剂或防黏结剂涂抹在受料斗的内层。开始摊铺时，将摊铺机预热，预热一般在开工前0.5～1h进行，让熨平板的温度提升到100℃以上。熨平板在摊铺时应保存振捣状态，振动幅度要达到铺筑的标准，夯锤压实装置的压实度也要符合质量要求。对熨平板进行加宽，还应避免混合料的离析。

摊铺的动作要匀速进行，保持不间断的连续作业，不能随意改变运行速度或停止运行，这样能避免摊铺材料发生离析，也能使摊铺的路面平整度得到保持。一般以2～6m/min的摊铺速度为宜，而改性沥青混合料、SMA的摊铺速度则尽量降低，以1～3m/min为宜。一旦出现混合料的离析、裂缝、波浪等情况，就需要对产生这种现象的因素进行分析，采取有效的方法解决。摊铺机在摊铺时应自动找平，铺设下面层和基层时，利用钢丝绳来实现对高程控制的引导；铺设上面层时，则需要使用平衡梁、雪橇式摊铺厚度控制的形式；摊铺中面层的找平方式则根据实际需求来选择。在摊铺改性沥青、SMA的路面时，使用的平衡梁为非接触式的。如果平衡梁为接触式的，则不能让沥青黏附在轮子上。

要根据沥青混合料在试铺和试压后的结果来确定其松铺系数。进行摊铺时，要对摊铺层的厚度进行检查，同时也要排查路拱、横坡的状况，结合沥青混合料的总量和面积用合理的检验方法来对摊铺厚度进行校验。

在摊铺时，根据摊铺速度保持摊铺机螺旋布料器的运行速度的稳定性，保持两侧送料器中混合料的高度要在 2/3 以上，这样混合料在摊铺过程中就不容易出现离析的情况。混合料只能用机械进行摊铺，不能通过人工对出现不平整的地方进行修复，如果机械实在不能完成修复，只能通过人工局部修补或对混合料进行修补，人工修补时要对那些存在严重问题的地方进行整层铲除，然后再进行修补。

如果一些匝道部分曲线半径较小，或者较为狭小的路面部分，此时摊铺机械难以完成摊铺作业，需要通过人工来完成对混合料的摊铺工作。在通过人工对混合料进行摊铺时，一般要做好以下几方面的准备工作：进行半幅施工，应事先在路中一侧设置挡板，摊铺时要在铁板上卸载沥青混合料，而且卸载沥青混合料也不能直接用铁锹，需要沾上防黏结剂后使用。一边摊铺，一边利用刮板将不平整的地方修平整，刮平也要按照标准的速度开展，避免混合料出现离析的情况。摊铺时不可以随便停顿或加快碾压，如果碾压工作难以及时进行，就要暂时停止摊铺工作，先利用苫布将卸下来的集料盖起来，使其获得温度的保证。如果施工的环境温度过低，在每次卸料后都应立刻铺盖苫布，使集料的温度得到保持。

（四）沥青混合料的压实

对沥青混合料进行压实，能够将其密度得到提升，让沥青路面的强度和抗疲劳度等得到加强。因此在沥青混凝土路面的铺设中，压实是不可缺少的一项工序，对提升路面的高质量具有重要的作用。路面的碾压工作不仅要选择合适的碾压设备，还要控制碾压的温度、速度、遍数、方式等，完成压实工作后还应进行质量检查。

1. 碾压机械的选型与组合

在铺设沥青路面时，使用的碾压机械主要有轮胎压路机、静载光轮压路机、振动压路机。其中静载光轮压路机主要为 6～8t 双轮钢筒压路机、8～12t 三轮钢筒压路机、12～15t 三轮钢筒压路机。静载光轮压路机一般可以完成预压工作，还能将碾压产生的轨迹清除，因此其工作质量较小。轮胎压路机的工作质量从 5t 到 25t，因为在碾压轮上安装了光面橡胶，所以对压力的性能做出改变，在对坡道、接缝的预压上使用，还能消除路面铺设时产生的裂纹，将较薄的沥青层压实。振动压路机一般都是自行式的，这种类型的压路机前轮是钢质的振动轮，后轮是橡胶的驱动轮。振动压路机的振动频率和振幅越大，其碾压的质量就越好，因此在碾压工作中它是最主要的机械。

在对铺设好的路面进行碾压时，多采用碾压设备组合的方式，如静载光轮压路机和轮胎压路机组合、振动压路机和静载光轮压路机组合。

2. 碾压作业

对沥青混合料路面进行碾压作业，可以分为三个阶段：初压、复压、终压。

第一，初压。对沥青路面的初压主要是将铺设的混合料进行平整和稳定，这有利于后续的复压。将沥青混合料压实，需要利用轻型钢筒压路机对路面进行碾压，也可以将振动压路机的振动装置关闭后对路面碾压，碾压两遍后就完成了初压工作。开始碾压时，压路机应将驱动轮朝着摊铺机，先碾压外侧，然后朝着中心碾压。当路段较高或有坡道时，可以先碾压低处，然后再朝着高处碾压。碾压的重叠部分一般为碾压轮 1/3 ～ 1/2 的宽度，先碾压边侧，然后碾压中心，整体碾压一遍，碾压就算完成。完成初压作业后，还要对路面的路拱、平整度的进行价差，如果发现存在缺陷之处，应立刻做出修整。

第二，复压。初压完成后要进行复压，复压可以让沥青混合料更加密实，确保了路面的稳定。为了确保混合料密实度达标，复压是必不可少的步骤。多用重型压路机完成复压工作，要保证碾压的温度和遍数，碾压的遍数根据路面压实度的需求而定，多在 6 遍以上。如果使用三轮钢筒式压路机，碾压的重叠处要以后轮宽度的 1/2 为基准，而且要在 200mm 以上。

在完成对密级配沥青混凝土的复压工作时，采用的碾压工具为重型轮胎压路机，应根据实际需求对路面进行搓揉式碾压，这样能够让密级配沥青混凝土的泌水性得到提升。所使用的重型轮胎压路机的质量要在 25t 以上，如果重量不足，应该在压路机上添加负重，从而使各个轮胎的压力在 15kN 以上。还要保证轮胎的充气压力充足，冷态情况下的压力为 2.55MPa 以上，发热后的压力也应大于0.6MPa。四个轮胎要保持均衡的气压值，在碾压时的重叠碾压宽度为轮宽度的1/3 ～ 1/2 为宜。当路面的压实度符合碾压的要求后，复压就完成了。

如果碾压的路面为大粒径沥青稳定碎石基层，或者使用的混合料的粒径较大时，复压使用的压路机最好使用振动压路机。不过在对厚度低于 30mm 的薄沥青层进行复压时，尽量不用振动压路机。使用振动压路机时，尽量保持适宜的振动频率和振幅，通常为 35 ～ 50Hz 的频率和 0.3 ～ 0.8mm 的振幅为宜。如果铺设的厚度较大，需要调高压路机的振幅和振动频率，使碾压的激振力得到提升；如果铺设的厚度较小，可以调高振动频率，调低振幅，这样基层下的集料就不会被碾碎。振动压路机碾压的重叠宽度在 100 ～ 200mm，先将振动装置停止后再完成折返动作。

大型的压路机很难对路面边缘、港湾式停车带等位置进行碾压，此时就要利用小型压路机来完成碾压工作。而 SMA 路面在碾压时不可以使用轮胎压路机。

第三，终压。复压结束后，就应该进行终压作业了。终压主要是将路面上复压时产生的轨迹消除，从而让路面变得非常平整。一般复压完成后要立刻进行终压，采用振动压路机进行碾压，需要将振动装置关闭，碾压的次数要在 2 次以上，当路面上没有明显的轨迹后就完成终压作业了。

终压过程中，必须让碾压轮保持清洁的状态，如果发现碾压轮上黏住了混合料，需要先将其清理干净后再进行碾压作业。为防止混合料黏附在碾压轮上，应该将隔离剂、防黏结剂涂抹在钢轮上，不过不能涂抹柴油。有时会将水喷洒在碾压轮上，可以把水喷洒成雾状，使其不会产生漫流，这样就能够避免混合料过快降温。用轮胎压路机对路面碾压，应该将隔离剂、防黏结剂涂刷在轮胎上，也可以将水喷洒在上面，并对高温区进行碾压，加快轮胎升温的速度，然后就停止对轮胎喷洒水。为了保护轮胎压路机的轮胎，多在轮胎外围加一道围裙。

如果路面没有碾压成型，压路机不可以在上面完成转向、掉头等动作，也不能停留在上面。在路面成型的当天，各种机械也不能在上面运行或停留，更不能将矿料、油料等撒落在路面上，以免对路面造成污染，影响后续路面的平整度。

3. 影响沥青混合料压实质量的因素

第一，碾压温度。如果混合料有着较高的温度，碾压的遍数就可以减少，这样碾压的效果会更好，而且碾压后的密实度也更高；如果混合料有着较低的温度，这会给碾压工作带来影响，不利于碾压工作的开展，而且路面会形成较多的轨迹，也会变得不平。因此，应保持适宜的碾压温度，通常要在摊铺完毕后立刻进行碾压，以避免碾压温度快速降低，只要混合料能够支撑路面就可以进行碾压了。

第二，碾压速度。要保持合适的碾压速度，一旦碾压速度太低，摊铺就会过快结束，导致其同碾压作业出现中断，不利于路面压实质量的达成。同样不能让碾压速度太快，因为过快的碾压速度会导致路面混合料出现推移，容易使路面出现横向的裂纹。碾压路段应保持压路机以实际的碾压路线和方向完成作业，不应该突然改变碾压路线和方向，否则混合料很容易出现推移。要保持稳定的碾压区长度，随着摊铺机的前进路线来布置两侧的折返位置，不要在同样的断面上完成横向推进。

第三，碾压遍数。碾压遍数在初压、复压、终压过程中都是不同的，需要看实际的需求。通常，会利用钢轮压路机对路面进行初压，静压 1～2 遍即可，然后利用振动压路机进行复压，实行 4～6 遍的振动压，最后用胶轮压路机完成终压，碾压 2～4 遍即可。

（五）接缝处理

对沥青路面的施工，需要保证路面紧密完整，接缝处应有平顺的连接，不会出现离析的情况。在施工时，上层和下层的纵向接缝要错开，可以是 150mm 的热接缝，也可以是 300～400mm 的冷接缝。上层和下层的横向错缝要超过 1m。为了对接缝施工进行检查，可以使用 3m 的直尺，这样路面接缝的平整度将得到有效保证。

对路面纵向接缝进行施工时，对于摊铺后出现的纵向接缝，可以使用热接缝处理，铺好的部分留出 100～200mm 的宽度，这部分宽度是后续摊铺的基准，不进行碾压，当后续摊铺完成后即可将其进行跨缝碾压，最后将轨迹清除。如果摊铺后出现的纵向接缝是冷接缝，需要添加挡板或者直接利用切割机切除。但当混合料冷却后，就不能使用切割机纵向对路面进行切缝处理了。对另半幅进行加铺时，可以将少量沥青撒在上面，使已经铺好的层面有 50～100mm 的部分重叠，再把前半幅上的混合料部分铲走。开始对路面进行碾压时，先从边上开始碾压，然后中间留下 100～150mm 的部分，以供跨缝碾压，最后挤压紧实后即完成工作。

很多公路工程在对表面进行接缝时主要使用垂直平接缝作为横向接缝。不同层所采用的接缝方式不同，可以使用自然碾压的斜接缝，也可以使用阶梯形接缝，但阶梯形接缝主要用在沥青层比较厚的部分，如图 4-2 所示。

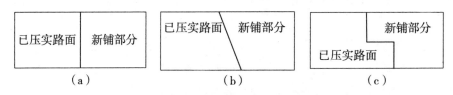

（a）平接缝；（b）斜接缝；（c）阶梯形接缝

图 4-2　横向接缝的几种形式

利用斜接缝进行搭接时，层的厚度决定着搭接的长度，最好设置为 0.4～0.8m。在斜接缝的搭接处可以撒上少量的沥青，并剔除混合料中的粗集料，加入细料，从而让搭接处变得更加平整，然后利用压路机对搭接处进行碾压，直到压实为止。利用铣来刨制阶梯形接缝的台阶，然后在上面撒上黏层沥青，再进行搭接，并且要保证搭接宽度在3m以上。

平接缝应该利用凿岩机对还没有冷却的端部进行刨除，也可以利用人工将不平整的部分去除，从而形成平接缝。处理平接缝时，切割机要在铺设当天进行作业，因为此时混合料还没有完全硬结。在对不平整的部分进行切割或刨除时，要避免对下层路面的损坏。切割时会有泥水产生，应对泥水进行冲洗后干燥，并将黏层油涂抹在上面。对新混合料进行铺筑会形成接头，此时应软化接茬，利用压路机对新的接茬部分进行横向和纵向碾压，使接茬部分被碾压平顺和平整。

三、沥青路面表面处理施工

（一）准备工作

1.适用条件

对沥青路面表面进行处理，特别是路面薄层，需要采用拌和法或层铺法进行施工，保持其薄层厚度在3cm以下，这样能够确保车辆行驶的条件更好。采用沥青表面处理的方法一般只在三级或三级以下的沥青路面开展，还可以对旧的沥青路面或防滑磨耗层进行处理。一般选择在较热的时段对沥青路面进行处理，要在雨季之前完工，而且尽量在15℃以上的温度下开展施工。如果施工方法使用拌和法，所采用的铺设方式可以选择热拌热铺或冷拌冷铺。其中，热拌热铺是对沥青混合料路面进行热拌混合料铺设的方式，冷拌冷铺则是结合乳化沥青碎石混合料铺设的方式。如果施工方法使用层铺法，其层铺的方式有三种：单层式、双层式、三层式。

2.材料规格和用量

对沥青路面表面进行处理时，使用的沥青混合料可以是道路石油沥青、煤沥青、乳化沥青等。当施工的地区在寒冷地带时，气温比较低，使用的沥青会有较小的针入度，导致基层存在较大的空隙，这时就应该采用高限的沥青用量。对沥青路面进行处置，应先将碎石路面进行清扫，然后铺设沥青表面处理层，在铺设第一层沥青混合料时，要增加沥青的用量，比原来多10%～20%，此时不用再将透层油或黏层油另外撒在路面上。

处置沥青路面表面时，要使用粒径和处置层厚度相同集料。使用乳化沥青来处理沥青路面表面，将20%以上的细粒料掺入主料中，能够避免乳液过多流失。

路面处置初期，可以在路上备有 S12 的碎石或 S14 的石屑、粗砂等，这些材料能够作为养护用料，对路面初期的养护有很大帮助。

3. 施工方法

采用层铺法施工，应该预先准备好要用的材料，还要对材料的质量开展相应的检验，另外需要对各种机械开展调试，如对沥青撒布车、集料撒布车等进行检查，让这些铺设设备能够正常参与路面铺设作业。铺设完沥青路面表面处置层的下承层后，还应继续浇洒透层、黏层，也可以在上面铺筑封层等。

当一层沥青路面表面得到处置后，后续还应对第二层和第三层的沥青路面表面进行处置。当第三层的沥青路面表面完成处置并进行碾压、质量符合指标后即可让车辆通行。不过路面是乳化石油沥青表面的，等路面的水分蒸发完毕后，路面已经定型，此时就可以让车辆通行了。为了确保路面的平整成型，要在交通开放的过程中做好交通管制措施。

（二）稀浆封层和微表处

1. 稀浆封层

对于沥青路面表面进行处理，可以铺筑上封层，主要针对以下情况：路面有较大的空隙，而且渗水较为严重；沥青路面比较陈旧，而且已经出现了裂缝；沥青路面需要铺设保护层，或者为了防滑和抗磨损而铺设抗滑磨耗层。沥青路面也可以铺筑下封层，主要针对以下情况：路面有较严重的渗水，而且路面存在很多裂隙；路面基层虽然已经完成却没有铺设沥青面层，但此时需要让车辆运行。

对单层沥青表面使用拌和法或层铺法进行处理，从而形成封层，对二级和以下公路的沥青路面进行处理时，所使用的材料为乳化沥青稀浆，从而形成封层。在使用层铺法处理沥青表面上封层时，要根据实际铺设的需求来决定使用材料的数量，对沥青的使用要满足规范的要求。对下封层的铺设，要按照规范需求来制定所用材料的合理数量。

将一定级配的石屑、填料、乳化沥青等加入水和外加剂，从而混合成乳化沥青稀浆，利用乳化沥青稀浆可以摊铺在相应的沥青层面作为稀浆封层。稀浆封层的厚度可以在 3 ~ 6mm，通过摊铺机均匀地摊铺，可以很好地作为封层结构。拌和机在拌和乳化沥青稀浆的混合料时，应该合理安排混合料的配比比例，根据具体的施工需要来添加水量，保持沥青稀浆的稠度。混合料的湿轮磨耗应在 $800g/m^2$ 的规范下，进行复合轮碾压试验时，保证其对砂的吸收要在 $450g/m^2$ 以下。

2. 微表处

在防护高级公路、一级公路时，需要用到微表处，如对出现的轻度车辙进行填补处理，对抗磨耗层的处理等。而二级或二级以下公路的养护可以采用稀浆封层，新公路的下封层也多使用稀浆封层。

无论是微表处还是稀浆封层，在摊铺时都需要利用专门的摊铺机。当旧的路面存在低于 15mm 深度的车辙时，可采用单层微表处；当车辙深度在 15mm 以上时，可采用两层微表处，也可以用 V 形车辙摊铺箱对车辙进行摊铺，在采用单层微表处；如果车辙的深度在 40mm 以上时，采用微表处就不能处理了。

如果使用改性乳化沥青进行微表处，则利用普通的乳化沥青或改性乳化沥青来铺设路面的稀浆封层，需要根据具体的施工需求来确定所使用的沥青品种，其质量也要符合标准规定。

在处理微表处和稀浆封层时，所选择的集料必须坚硬、耐磨，而且要处理干净，保证集料的粗糙性。在进行微表处时，需要对基料进行筛选，其中合成矿料的筛选要使用 4.75mm 的筛，其中要保证 65% 以上的砂含量。而进行稀浆封层的铺设，同样使用 4.75mm 的筛对合成矿料进行筛选，也要保证集料中 50% 以上的砂含量。抗滑表层的铺设需要根据相关规范来要求表层的磨光值。机制砂、洁净的石屑等都可以作为细集料，如果集料的颗粒较大，超出了规范，应该先用适宜尺寸的筛子将其筛出后再放入集料中搅拌。

进行微表处和稀浆封层之前，需要对原来路面上存在的各种问题进行处理，泥土、杂物要先清理干净，存在坑槽、凹陷的路段要做好修补工作，而裂缝比较大时应先做清理。对水泥混凝土路面进行微表处，先在路面上撒黏层油，利于提升黏结度；而路面过于光滑时，需要先进行拉毛处理，然后再进行微表处。无论是稀浆封层还是微表处，所需要的温度都不能太低，要在 10℃ 以上的温度下进行，而且雨天天气不可施工。如果摊铺后下雨，应将被雨浇过的没有成型的混合料清除。

在进行微表处和稀浆封层的处理时，纵向搭缝的宽度都不宜过大，一般在 80mm 以下，而横向搭缝直接做成对接缝即可。做两层处理时，第二层的摊铺需要等第一层摊铺结束 24h 之后再开始施工作业。当完成微表处和稀浆封层后，应该将铺筑后的路面进行清理，不可以有较大的划痕，在接缝处也要将缺料的情况进行解决，同时对多余的集料进行清理。如果接缝处存在不平整的情况，可以先用直尺进行测量，控制不平整宽度在 6mm 以下。进行微表处时，应将横向波浪处理掉，而且存在的纵向条纹深也应在 6mm 以下，过深的条纹要进行处理。当对路面完成稀浆封层、微表处后，还要进行养生和初期的碾压，经过这些处理后，路面不但完全定型，而且不能存在飞散的情况，还要有泌水的性能。

（三）沥青贯入式路面

1. 适用条件

对初步压实的碎石层进行沥青灌入，可先在路面撒上沥青和嵌缝料，然后利用压路机对路面进行压实，最后形成沥青贯入式路面。一般三级和三级以下的公路可采用沥青贯入式路面，沥青贯入式路面还能在沥青联结层或基层的铺筑时使用。铺筑的沥青贯入式路面要保持规范的厚度，多在 4 ～ 8cm 的厚度，而乳化沥青贯入式路面则要保持 5cm 以下的厚度。在铺设过程中，如果在贯入层上方继续铺设沥青混合料面层，就形成了下贯上拌式的路面，此时拌和层厚度应确保 1.5cm 以上。对于沥青贯入式路面，要在其最上层继续铺筑，可以是拌和层，也可以是封层。如果是铺筑联结层，就不用在表面撒封层料了。在铺筑沥青贯入式路面时，需要选择适宜的天气，尽量在较热的季节，铺筑温度要高于 15℃，经过干燥后，贯入式结构层就可以投入交通使用，经过车辆的碾压后可最终成型。

2. 材料规格和用量

一般在铺筑沥青贯入式路面时，使用的沥青结合料为黏稠石油沥青、煤沥青、乳化石油沥青等。要根据具体的铺筑要求选择适宜的沥青品种和型号。如果在沥青贯入式路面上加铺拌和沥青混合料，也应根据具体铺筑要求来选择适宜的规格和混合料的用量。

在制备沥青贯入式路面的混合料时，选用的石料不但要坚硬，而且要有一定的棱角，最好有较高的嵌挤性，主层集料的粒径范围尽可能符合标准，其中超过粒径范围中值的集料量要高于 50%。如果贯入式路面表面不加铺拌和层，需要在铺筑结束后留下一部分路面用于养护使用，贯入层使用的主层集料保持最大粒径不大于贯入层的厚度。所使用的沥青混合料如果是乳化沥青，可选贯入层厚度 0.8 ～ 0.85 倍的粒径的主层集料，按照压实系数 1.25 ～ 1.30 来计算铺筑时所需要主层集料的量。

3. 施工方法

在对沥青贯入式路面铺筑之前，需要对路面基层进行清扫，保持路面的洁净。如果有需要按照路缘石的部分，也应先按照路缘石，然后再铺筑沥青贯入式路面，这样能够将路缘石遮盖住。铺筑乳化沥青贯入式路面，先在基层上撒透层或黏层的沥青，保持路面厚度，如果厚度在 5cm 以下，同样要将透层或黏层沥青撒在基层上。

在使用乳化沥青铺筑贯入式路面前，需要对乳化沥青进行破乳和水分蒸发，只有沥青成型稳定后，才能用于铺筑路面的拌和层。贯入层的施工和拌和层的施工不能连续进行，短期内通行车辆时，需要在贯入层第二遍嵌缝料时添加用量，结合实际的铺筑情况增加适宜的用料量，并且补充碾压，将黏层沥青浇洒后，再将拌和层的沥青混合料摊铺在其上。

（四）透层、黏层

1. 透层

为了确保路面的沥青层和非沥青层之间能够很好地结合，于是将非沥青层浇洒了乳化沥青、煤沥青、液体石油沥青等，这部分混合料透入基层表面后形成了薄沥青层就是透层。如果在半刚性基层上继续铺筑沥青混合料面层，就需要先浇洒透层沥青。用于透层沥青的原料主要是慢裂撒布型乳化沥青，中裂或慢裂液体石油沥青也能用作透层沥青，煤沥青同样如此。如果半刚性基层的表面比较平整，而且致密性较高，透层沥青就不用撒很多，稀薄一些即可；如果是粒料类的基层，所使用的透层沥青就需要较稠密一些。

在铺筑半刚性基层时，应该对基层进行碾压，然后等其表面变干却没有完全硬化时喷砂透层油。对于无结合粒料的基层需要先撒透层油，等 1～2 天后再铺筑沥青层。

透层油的喷洒可以使用沥青撒布车这样的喷洒机械，根据需要选择适宜的透层油种类和黏度，然后再运用合适的喷嘴均匀喷洒。如果发现机械喷洒不够均匀，就要采取手动喷洒。先对路面进行清理，保持基层的整洁干净，然后均匀喷洒透层油，如果有喷洒不均匀的地方，可以人工补充喷洒。为了避免路缘石、人工构造物受到透层油的污染，在喷洒前要将其遮盖。如果透层油喷洒超过标准，可以立刻撒布能够吸油的砂或石屑，还可以利用压路机对路面进行碾压。

对路面基层撒完透层油后，不能生成油皮，否则在摊铺时容易被运料车和摊铺机黏起。另外，需要保证喷洒的透层油能够实现渗透深度，如果不符合标准，需要选择合适的黏度或品种，以满足喷洒的实际需求。撒完透层油后，需要进行一段时间的养生，养生的时间是根据透层油的品种和实际的气候所决定的。通过养生，能够将液体沥青中稀释剂挥发，乳化沥青中的水分可以蒸发，同时完成基层渗透。养生结束后，就要对沥青面层进行铺筑，避免透层被车辆的通行而破坏。

2. 黏层

为了使沥青层、水泥混凝土面之间更好地黏结在一起，可撒布一层薄薄的沥青层，这就是黏层。如果在旧的沥青路面、水泥混合路面上铺筑热拌沥青混合料，就需要在上面先撒一层黏层，使其形成薄的沥青层，然后再完成后续施工。如果路缘石、雨水井等同沥青路面接触，应该将黏层沥青浇撒在这些设施的侧面。在喷洒黏层油时，可根据具体需求选择适宜的品种，如改性乳化沥青、中裂乳化沥青，中凝液体石油沥青等。

结合下层的类型选择适合的黏层油品种，再通过实际的试撒确定用量。如果撒黏层油后继续铺筑薄层大空袭排水路面，需要加大黏油层的用量，每平方米提高 0.6 ~ 1.0L。沥青层之间喷洒黏层油用来做封层，需要喷洒改性沥青或改性乳化沥青，使用的量为每平方米 1.0L 以上。

用沥青撒布车来喷洒黏层油，根据实际情况选择黏层油的型号，用合适的喷嘴保持均匀喷洒。无论是机动喷洒还是手动喷洒，都需要工作人员有精湛的喷洒工艺，避免喷洒不够均匀。黏层油的喷洒要保持 10℃ 以上的温度，一旦低于10℃，就不能再喷洒了。寒冷的天气必须进行喷洒作业时，可以按两次喷洒工作进行。当路面潮湿或有积水时，都不能喷洒黏层油，要先对其进行清理，待路面干燥后，再完成后续的喷洒任务。喷洒黏层油必须均匀，可以利用喷洒设备喷成雾状，形成一个薄层，不可以出现没有喷洒的地方，也不要出现重复喷洒之处。一旦发现有的地方没有喷洒，就需要补洒，而喷洒太多的地方，就应该将多余的刮除掉。完成喷洒后，各种车辆、行人都严禁从层面上通行。喷洒完黏层油后，等沥青乳化剂、水分蒸发完，稀释剂挥发完等，就可以对沥青层进行铺筑了，这样可以防止外界对黏层的污染。

四、沥青路面施工质量控制与检查验收

对沥青路面施工后的质量控制和检查验收，需要做好相应的工作，主要的内容有：材料质量检验、铺筑试验路段、施工质量管控、工程验收质量检查、施工总结及质量保证期管理。

（一）材料质量检验

开始施工前，需要检验各种材料的质量，避免因材料不合格而影响路面的顺利施工。对施工中的沥青材料、粗集料、细集料、矿粉等进行抽查检验，主要检测沥青的针入度、软化点、延度等；对粗集料的检验主要是磨耗率、抗压强度、

磨光度、压碎值等；对细集料的检验主要是含水量、含土量、级配等；对矿粉的检验主要是相对密度、含水量等。同一批次购买的材料和同一料源的材料在当天运送到施工现场作为一个批次，检查时也算同一批次。

（二）铺筑试验路段

在对高速公路和一级公路铺筑沥青路面之前，需要先完成试验路段的铺筑。而在铺筑公路没有经验或对重大设备缺乏使用经验时，也可以进行试验段的铺筑。同一个施工单位在不同的工程中使用的材料、设备、方法等相同时，可以根据以往工程中的施工结果进行铺筑施工，不用进行试验路段的铺筑。

不同的铺筑路段所铺筑的试验段是不同的，一般选择铺筑 100 ～ 200m 来获取试验结果。

如果路面铺筑热拌热铺沥青混合料路面，就需要先对原料进行试拌，然后再完成试铺作业，主要的铺筑试验内容如下。

第一，对铺筑试验所需的各种机械进行检验，明确类型、数量等，确定机械组合的方式是否符合实际铺筑需求。

第二，利用拌和机完成试拌工序，并确定适宜的拌和工艺，最后对装置进行检测。

第三，根据试铺结果来确定喷洒透层油的方式和效果，总结摊铺工艺，结合摊铺和压实的结果来明确松铺系数。

第四，对沥青混合料的配比进行检验，然后总结最适宜的配比，并给出适合实际摊铺的混合料使用量。

第五，对路面密度进行检验，可以根据钻孔法和核子密度仪一起检测并对比路面密度，最后确定路面压实度的标准。核子密度仪能够对碾压成型后的路面进行无损检测，检测的每组数据包含 13 个测点的平均值，每个试验段都要有 3 组以上的数据。第 2 天或第 3 天使用钻孔法对路面密度进行检测，要在路面上钻 12 个以上的钻孔，才能完成测试。

第六，要对铺筑试验路段的渗水系数进行检验。由于在铺筑过程中很多参与方都参与试验，所以能够对其中的问题进行讨论，总结方法。铺筑完成后，施工方根据试验结果递交检验报告，监理根据检验报告对铺筑的后续流程进行批复。

（三）施工质量管控

施工单位在进行沥青路面施工时，经常会抽查施工的质量，或者在不同工序交接的过程中对质量进行验收，只有检验上一道工序的质量达到标准后，才能进行下一道工序。整个施工过程都需要保证施工质量符合要求，所检验的内容包含了频率、质量标准等。

（四）工程验收质量检查

完成了路面的施工，施工单位需要对整个工程路线进行评定。把全线划分成不同的评定路段，随机选择测试点，进行全线沥青路面的检测。根据路面质量要求，对实际测得的质量检测值同规定的检测值相比较，最后统计出该路段的质量平均值、极差、标准差、变异系数，得出工程质量检查的合格率。根据所测得的数据，施工单位要对检测结果进行总结，完成施工总结报告，最后申请交工验收。

沥青路面交工后，会对沥青路面的厚度、压实度、平整度、渗水系数等各项指标进行检测和验收。

（1）对破损路面的厚度、压实度等进行检测，并给出相应的检测指标。可以对施工中的钻孔数据进行使用，对各个测试点进行检测，然后同极值做对比得出测点的合格率。使用路面雷达对路面剖面做连续检测，然后评定路面厚度的数据指标。根据其中的标准，并结合较低的合格率来评定压实度，给出验收结果。

（2）使用连续平整仪和颠簸累计仪对路面的平整度进行测定，每 100m 的路面测量值为一个测定值，根据所有测定值来计算该路面平整度的合格率。

（3）在施工过程中，路面成型后，就可以对路面的渗水系数和构造深度进行测定。可以选择适宜的测点，每 3 个测点的平均值为 1 个测点，最后算出渗水系数和构造深度的合格率。

（4）利用摩擦系数测定车完成对路表面横向摩擦系数的测定，摩擦系数测定车在车道上行驶一遍完成实际数据的测定，可计算出摩擦系数。

（5）对路面回弹弯沉或总弯沉进行测定，可以使用贝克曼梁或者使用连续弯沉仪。测定多在春融期或雨季的不利条件下进行，对测定的天气、测定车数据等进行记录，最后得出回弹弯沉、总弯沉的相关数据。

（五）施工总结及质量保证期管理

当施工结束后，施工企业会结合国家颁布的竣工文件对整个施工进行报告总结，并制定单个专项的报告、竣工图标，将这些总结在一起称为完整的施工档案资料。

施工单位所做的施工总结报告内容包括工程概况、工程基础资料、施工进度，以及施工的材料、人员、设备、方法、进度等，工程的结算、质量评价、服务计划等也包含在其中。

施工质量报告所包含的内容主要有对施工管理的相关体系、质量目标、材料质检结果、工程质量检查报告、工程交接验收检测结果、工程质量检查评价、试验段铺筑报告、质量保证体系等，另外在工程施工过程中的各种同工程质量相关的记录、相册、录像等也应包含在内。

在施工路面的质保期内，施工企业需要完成对施工路面的使用情况监测，分析路面出现破损问题的各种因素，并寻找有效的解决方案，最后完成定期的路面维修保养工作。路面的质量保证期限，需要结合国家规定或招标文件来确定。

第四节 水泥混凝土路面施工

用水泥混凝土铺筑的路面，其抗弯压、抗磨耗的性能都比较好，有着较高的稳定性和耐久性，维修时需要较少的费用。一般在特别炎热或冰冻的地区使用水泥混凝土路面。沥青在我国的产量相对较少，因此很多路面的铺设都使用价格低廉的水泥，将水泥同其他材料混合成水泥混凝土，铺筑水泥混凝土路面不仅成本低廉，还有很强的使用性能。我国的水泥混凝土施工技术有了较大的提升，而且交通量的增长也对道路有更高的要求，因此使用水泥混凝土修筑公路路面，对我国的道路交通具有积极的意义。

水泥混凝土作为道路路面的面层，使路面变得更加坚韧，比较常见的水泥混凝土路面主要有普通混凝土路面、钢筋混凝土路面、钢纤维混凝土路面、连续配筋混凝土路面、碾压混凝土路面等。我国当前建设公路主要采用的混凝土路面是普通混凝土路面，这种路面的应用范围比较广，性价比较高。

一、水泥混凝土路面的构造和特点

（一）水泥混凝土路面的构造

1. 路基

水泥混凝土有着较大的弹性模量，制成的路面刚性比较大，而且荷载能力较强，可以让从路面向路基顶面传递的压应力值变小。因此在修筑水泥混凝土路面时，对路基的要求较低，只要其强度和承载力符合标准即可。不过对于路基的稳定性依然需要满足，因为路基不稳就很容易发生沉陷，路面在外界压应力的作用下会形成很大的弯拉应力，而水泥混凝土路面的刚性又很大，极容易使路面形成破坏。

在制作路基时，如果用于填料的土质不够均匀，采用的膨胀土是冻胀的，都可能导致路基支撑不均匀，另外，排水不良、压力不足、地基不固结等也会造成路基支撑的不均匀状况。

2. 基层和垫层

在水泥混凝土的面层下铺设基层和垫层，基层和垫层的铺设具有的作用如下：

（1）能够防止产生唧泥。如果直接在路基上铺设混凝土面层，路基自身具有的土塑性会因为内部含有较多的细料而形成较大的变形量，降低了低级的抗冲刷能力，于是就很容易产生唧泥的情况。如果在路基上设置基层和垫层，则唧泥产生的现象将会有效降低。不过砂砾基层如果没有进行处理，其中含有较多的细料，其塑性就会有所降低，唧泥的情况依然会出现。

（2）对冰冻起到防范的作用。在冰冻地区铺设混凝土面层，先在面层线面铺设基层或垫层，采用对冰冻不够敏感的多孔材料，就会在一定程度上让路基的冰冻程度降低，能有效避免冰冻对混凝土路面的损害。

（3）能够起到防水的作用。利用级配粒料铺筑基层或垫层，能将路面渗透的水分有效排除，或者防止地下水从路基下毛细向上升起，防水作用提高。

（4）使路面压力降低。通过铺设基层、垫层，路基顶面的压应力减小，而且可以使路基出现的不均匀变形缓解，防止因为形变而造成的面层受损。

（5）可以使面层的施工更加便利，使面层有着更高的承载能力，一定程度上提高了路面的使用年限。

3. 排水系统和路肩

（1）面层—基（垫）层—路肩排水系统。持续下雨会影响路面结构层，导致路槽中积滞雨水对路面形成损害。路槽中的雨水应尽快排除，可以通过使用升级配粒料铺筑路基进行改善，使水分通过面层的接缝或边缝向下排出，也可以从空隙、横坡等从基层外侧排出，又通过排水管朝路基外排掉。在基层中使用的升级配粒料在使用时不需要对结合料进行处理，但基层中使用水泥或沥青的结合料，则必须对其进行处理。

修筑不透水的垫层或基层，可以使用密级配粒料，水能够通过面层的接缝向下渗透，最后从基层或垫层的界面向路肩处流淌。这些下渗水的排出可以直接铺设排水层，使水能够从排水层被排出路基。如果水量比较大，就可以在内部安置向下的排水管，使水从排水管排出。所以在布置排水方案时，可以使用不透水基层或垫层的面层—基（垫）—路肩排水系统。

（2）路肩。路肩能够从侧向对路面结构进行支撑，也能为车辆临时停靠提供场所，如果需要修补车行道时，此处还可以用于临时的车辆通行，所以路肩同样需要具备较强的荷载能力。

路肩和路面相互的交界处很容易渗入地表水，水会继续向下渗入基层、垫层等，导致这些位置被侵蚀，出现板边缘脱空，出现断板、唧泥等情况。为此要将车道宽度拓宽，防止车辆总是从板边缘行驶而增大板边缘的压应力。

在选择构建路肩的材料和结构时，不仅要结合路肩自身对外界的承载力，还要综合排水系统的设置。为了更快地将渗入路面的水分排出，需要在修建路面的时候铺设排水通道，因此路肩也应做好向外排水的排水措施，使水泥混凝土路面的排水能力得到提高。

（二）水泥混凝土路面的优缺点

1. 水泥混凝土路面的优点

水泥混凝土路面同别的路面相比优点有很多，如强度较高、稳定性和耐久度较好，所需的养护费用较少等。

（1）具有较高的使用强度。用水泥混凝土铺筑的路面的抗压强度、抗拉弯强度都比较高，而且也具有较强的抗磨耗能力。

（2）具有较好的稳定性。水泥混凝土路面无论是水稳定性还是热稳定性都比其他路面较强，而且随着时间的延长，这些特性还会有所提升，和沥青混凝土路面相比，其老化现象是没有的。

（3）具有很好的耐久性。水混凝土路面因为具有较好的稳定性，而且各种强度都比较高，所以比较耐用，通常其使用年限都在 20 ～ 40 年。一些履带式车辆都能在水泥混凝土的路面行走。

（4）水泥混凝土路面所需要的维护和养护费用比较低，因此有较高的经济效益。虽然在建设时需要较大的投资，不过能够使用的年限比沥青混凝土路面要长得多，因此均分到每年的费用就相对较少。从长远的使用效益上来看，铺筑水泥混凝土路面更适宜。

（5）水泥混凝土的路面有着较清晰的能见度，夜间车辆也能很好地运行。

2. 水泥混凝土路面的缺点

虽然水泥混凝土路面有很多优点，但在使用过程中依然存在一定的缺点。

首先，铺筑水泥混凝土路面需要大量的水泥和水，如果一些地区缺水，而且水泥运输较困难，此时铺筑水泥混凝土路面就会陷入困境。

其次，存在接缝。铺设混凝土路面时会存在很多接缝，接缝会给施工带来复杂性，也不利于后期的养护，车辆行驶时还容易出现跳动，对行车舒适性带来不好的影响。而且路面存在接缝也导致路面的结实性降低，特别是路面板边或板角等处很容易受损。

再次，交通开放的时间比其他路面较晚。水泥混凝土路面在修筑时，需要进行湿润养生，而这个时间在 15～20 天，因此和其他路面相比需要较晚开放交通。

最后，水泥混凝土路面修复较为困难。一旦水泥混凝土受损，开挖时需要耗费更多的费用，而且修补也较为费力，对交通的影响较大。

二、材料要求和配合比设计

（一）材料要求

修建水泥混凝土路面，所需的材料包括水泥、粗集料、细集料、水、矿物掺合料、外加剂等。其中，外加剂能够让路面的力学性能和工艺性能得到改善。

1. 水泥

在水泥混凝土路面的材料中，水泥起到了胶结作用，因此需要保证良好的质量。只有高质量的水泥使用后才能使水泥混凝土路面具备较高的抗折强度、抗冲击能力、稳定性和耐久性。一般在水泥混凝土路面的铺设中，使用的水泥性能要强度较高、收缩性较小、抗冻性较高、耐磨性较强。

特重和重交通水泥混凝土路面的铺筑，使用的水泥多是道路硅酸盐水泥，这样的水泥从旋转窑中生产，也可以使用普通的硅酸盐水泥。而中、轻型交通水泥混凝土路面的建筑，使用的水泥为矿渣硅酸盐水泥，也可以使用普通型水泥，如果施工路段需要加快通车的需求，或者是在冬季施工，使用的水泥一般为 R 型水泥，这种水泥具有快硬早强的特性。

将水泥拉近施工现场，每一批水泥都应保证其检验证明是齐全的，而且水泥的质量要符合建设标准。经过混凝土配合比试验后，选择耐久性、弯拉强度都达标的水泥品种。如果水泥的标号、品种、日期等不同，是不能混合在一起堆放的，需要分门别类地堆放。此外，不同的水泥也不可以混合使用，否则会影响混合料的效能。通常，水泥存放期在 3 个月内。

机械化铺筑路面使用的水泥为散装水泥，这样就能避免因为用量较大，小包装水泥不易拆包的情况发生。使用小型机具铺筑时，使用的水泥为袋装水泥。

为降低水泥的水化反应速度，防止因温差开裂，散装水泥的夏季出厂温度在南方不宜高于 65℃，在北方不宜高于 55℃。水泥混凝土搅拌时的水泥温度，在南方不宜高于 60℃，在北方不宜高于 50℃。

2. 粗集料

集料通常占混凝土体积的 70% ~ 80%，因此选料非常重要。粗集料是指粒径大于 5mm 的碎石、碎卵石和卵石，粗集料应质地坚硬、耐久、洁净，并有良好的级配，应符合一定的技术要求。《建筑用卵石、碎石》（GB/T14685—2022）将粗集料分为Ⅰ、Ⅱ、Ⅲ三类。高速公路、一级公路、二级公路及有抗冻（盐）要求的三、四级公路混凝土路面使用的粗集料级别应不低于Ⅱ类，无抗冻（盐）要求的三、四级公路混凝土路面，碾压混凝土及贫混凝土基层可使用Ⅲ类粗集料。有抗冻（盐）要求时，Ⅰ类集料吸水率应不大于 1.0%，Ⅱ类集料吸水率应不大于 2.0%。

3. 细集料

细集料是指粒径小于 5mm 的天然砂、机制砂或混合砂。细集料质地洁净且有害杂质含量少、坚硬耐磨、表面粗糙有棱角，并符合规定的级配，其级配要求和技术要求应符合《公路水泥混凝土路面施工技术细则》（JTG/T F30—2014）和《建设用砂》（GB/T14684—2011）的规定。混凝土强度等级大于 C60 的高强混凝土宜用Ⅰ级高强砂；强度等级为 C30 ~ C60 的中强混凝土宜用Ⅱ级中强砂；强度等级小于 C30 的普通混凝土宜用Ⅱ级低强砂。

当空隙率、总表面积都比较小的级配是比较好的级配，这样的级配中细颗粒的含量相对适宜。衡量砂的粗细程度用细度模数来表示，细度模数可以展示砂的颗粒平均粗细程度，不过不能对其级配情况进行反应。对细集料的选择，不仅要考虑细度模数，也应将级配包含其中，这样才能让材料的性质得到更好的体现。

铺设路面、桥面时，如果应用天然砂做材料，可以选择细度模数为 2.3 ~ 3.0 的中砂，也可以选择 2.0 ~ 3.0 的砂。不过在同一个配合比中，所使用的砂细度模数应尽量降低其变化范围，控制在 0.3 以下。如果砂的细度模数差别较大，堆放时应分类，使用时也可根据实际使用情况安排配合比。

4. 水

在水泥混凝土路面铺筑中，水的作用不可替代，水能够对集料进行清洗，能够用来拌和混合料，还可以为后期路面进行养生。因此在施工中应使用饮用水，这样能够防止存在各种污染物而影响混凝土的正常凝结等。如果不是饮用水，在使用前需要进行检验，确保其酸碱性和含盐量满足混凝土配制的需求。

5. 外加剂

在水泥混凝土中添加外加剂，能够在一定程度上使混凝土的技术性能得到改善。一般添加的外加剂主要包括以下几个种类。

第一类是能够使混凝土流动性能得到改善的外加剂，如泵送剂、减水剂、引气剂等。

第二类是能够让混凝土的凝结时间、硬化性能得到改善的外加剂，如早强剂、速凝剂、缓凝剂等。

第三类是可以使混凝土耐久性得到改善的外加剂，如防水剂等。

第四类是对其他性能进行改善的外加剂，如膨胀剂、防冻剂等。

在水泥混凝土的拌和中加入外加剂，需要确保外加剂同水泥之间的适配性符合要求，避免适配性不符而产生不良的影响。掺入混合料中的外加剂需要较高的品质，应满足一等品的要求。

6. 矿物掺合料

掺入混凝土中的矿物掺合料包括粉煤灰、硅灰、磨细矿渣等。将粉煤灰掺入混合料中，多使用电收尘Ⅰ、Ⅱ级干排或磨细粉煤灰，而Ⅲ级粉煤灰则不使用。根据等级检验报告，可以使用散装灰。使用的硅灰和磨细矿渣需要提前进行试验，确定掺入后路面的抗磨性、抗冻性、抗弯拉强度等特性是否达标，如果达标即可使用。

（二）配合比设计

在设计普通混凝土路面的配合比时，不仅要考虑到路面的弯拉强度和耐久性，还要考虑到其工作性和经济性。

应根据具体的施工情况来设计混合料的配比，结合材料的品质、施工方法、操作方式、环境等来选择适宜的材料型号和数量，然后经过试验和计算给出混合料中水泥、水、砂、碎石等的配比。在混合料的配比中，最重要的是水灰比、用水量、砂率等参数，只有掌控好这些参数，才能配制出符合施工要求的混合料。

三、水泥混凝土路面施工

（一）轨道式摊铺机铺筑施工

高等级的公路在修建水泥混凝土路面时，需要较高的技术标准，并且为了确保施工质量需要提升施工效率，不但工程量大，而且应尽快用机械化施工来加快施工进度。我国在很多城市修建水泥混凝土路面，只有少数的路面采用小型混凝土施工机械设备，大部分的高等级公路的铺筑都用到大型混凝土摊铺机。在机械化施工中，最常用的摊铺机械设备是轨道式摊铺机。

轨道式摊铺机有着平底型的轨道，摊铺机在这样的轨道上可以自由完成摊铺施工任务，在路面基层上执行水泥混凝土的摊铺工作。由于将摊铺机轨道和铺筑模板连接在一起，就需要将轨道和木板同时安装。对混凝土路面采用轨道摊铺机进行施工时，需要做好施工前的准备，不仅要将混凝土运输到施工现场，还要同其他材料拌和在一起形成混凝土混合料，利用机械完成摊铺工作和振捣工作，待摊铺结束后，对路面表面进行整修，最后进行路面养护。整个工作流程使用机械化施工，操作方便，而且路面的平整度高，能够降低路拱横坡、熨平板等的偏差，使路面有一致的厚度。

（二）滑模式摊铺机铺筑施工

对水泥混凝土路面的铺筑也可以使用滑模式摊铺机，这种摊铺机械安装了履带式底盘，可以通过履带式底盘移动。在进行摊铺工作时，滑模式摊铺多于板边外侧移动，机械内部有滑动模壳，路面两侧桩上安装了导向钢丝，能够很好地控制滑膜式摊铺机的运行方向，摊铺机能上下移动以保持摊铺厚度的均匀。在混凝土路面施工过程中，滑模式摊铺机因为没有轨模，因此不需要安装模板，就能够进行连续性的铺筑。和沥青混凝土摊铺机有着相似的功能，它能够将摊铺、振捣、整平等工序一次性完成。利用滑模式摊铺机铺筑的路面，不但有较好的密实度和平整度，而且路面厚度也非常均匀，还能保持良好的质量。不过在摊铺过程中需要滑模的移动，若是侧面没有做好对侧模的保护，混凝土没有硬化就很容易坍落，所以在进行操作时需要有较高的操作技术。

混凝土铺筑时，先把混凝土混合物拌和好，然后用集料器铺在基层上，使用螺旋式布料器把这些拌和物摊铺开来，再使用刮平器刮一遍，使混凝土拌和物变得平整，经过振捣器的捣实后，再次刮平，此时路面就已经变得平整且密实。对路面用搓动式振捣板进行振捣，使其变得凝实和平整，在对路面使用光面带磨光。对水泥混凝土路面的整面工作和轨道式摊铺机的施工类似，而滑膜式摊铺机需要利用电子液压系统来完成整面工作，因此它要比轨道式摊铺机的整面作业有更高的精度。

和轨道式摊铺机相比，滑模式摊铺机有更高的集成度和性能，并且操作起来非常简便，所以生成效率也相对更高。不过滑模式摊铺机的投入成本更高些，对使用的混凝土拌和物有更严格的要求。

1. 施工准备

在利用滑模式摊铺机铺筑路面时，需要做一些施工准备工作。

（1）基层质量检查与验收。要检查基层的质量，并进行验收工作，是滑模式摊铺机在铺筑前的一项准备工作。通常，滑模式摊铺机能够摊铺的长度要在 4km以上，并且需要预留出便于摊铺机运行的空间，所以基层需要有更宽的宽度，通常要比混凝土面层的宽度超出 50 ～ 80cm。

（2）测量放样，设置基准线。滑模式摊铺机能够自主调控摊铺的高度和摊铺厚度，在机器的两侧有水平传感器和方向传感器，能够控制机器运行的方向。在这些传感器的控制下，摊铺机根据摊铺需求朝着基准线滑行，将路面所需要的平面、板厚、弯道、横坡、高层等铺筑出来。在路面铺筑的方向安装方向基准线，为方向传感器提供指引。在与路线高层相对的位置安装水平基准线的空间位置，使水平传感器能够在水平基准线的指引下运行。

在对线路进行测量时，可以在路面每隔 200m 设置一个点作为水准点，用于对精度、平差的测量。掌控摊铺机在摊铺时的准确方向，首先要明确基准线的正确性，要对基准线进行定位，将钢纤打入基层中，然后把基准线固定在钢纤上，基准线的准确性就可以明确了。

根据施工的具体需求，使用单向坡双线式、单向坡单线式、双向坡双线式等不同的方式来设置基准线。其中，单向坡双线式的基准线要求横坡同路面要保持一致；单向坡单线式的基准线要求横坡同路面保持一致，在另一侧安排相应的基准；双向坡双线式的基准线在直线段上保持平行，和路面高程相对应，滑模式摊铺机能够自动依靠基准线进行调整完成对路拱的铺成作业。

（3）确定混凝土配合比与外加剂。使用滑模式摊铺机要严格要求混凝土拌和物的品质，保持 30 ～ 40mm 的最大集料粒径，坍落度应在 4 ～ 6cm 范围内。通常会在混凝土拌和物中添加外加剂，不仅能够让拌和物更加容易施工，还能控制所需的坍落度。在试验摊铺路段时明确所选择的外加剂的类型和数量。

（4）根据路面设计宽度，调整滑动模板摊铺宽度，放置纵缝拉杆。

2. 施工工艺

（1）混凝土搅拌。利用滑模式摊铺机对水泥混凝土路面施工作业时，需要对混凝土进行专门的搅拌，可以通过搅拌站或搅拌楼完成混凝土的拌和，这样的混凝土更加符合施工要求，而且计量也相对准确一些。

要根据施工规定对施工项目进行检验，如坍落度、含水量、泌水率、凝结时间、混凝土重度等都应仔细检验。

（2）混凝土运输。所选的运输车辆要防止混凝土出现离析的情况，因此装料时要装一盘挪一下车位，保持卸料高度低于2m。驾驶员具备对混凝土拌和物料运输的知识，知道混凝土最长的运输时间。如果混凝土长时间在车上停留，超过了初凝时间，需要做出相应的处理，避免混凝土在车厢内硬化。而且要检查车厢的密实程度，防止存在漏浆、漏料的情况发生。在高温、寒冷、大风、雨天等天气施工，需要对自卸车进行覆盖，防止混凝土受到外界气候影响。每次运输混凝土前，都要清理车厢，保持车厢内的干净整洁，并用水将车厢湿润。

（3）布料。利用滑模式摊铺机对路面摊铺，其料位高度要在螺旋布料机叶片最高点下方，不可超出这个高度，同样也不能缺料。摊铺机的卸料和布料速度要满足摊铺的需求，只有协调一致才能让摊铺更加平整。控制坍落度和松铺系数，保持布料机和滑模式摊铺机的适宜距离，一般为5～10m为宜。在摊铺钢筋混凝土路面时，所有的机械都不能把钢筋网打开。

（4）滑模式摊铺机的施工参数设定及校准。对滑模式摊铺机的所有机构工作部件应进行正确施工位置的初步设定，并将这些正确的施工参数通过试铺调整固定下来，正式摊铺时根据情况变化进行微调。

振捣棒下缘位置应在挤压板最低点以上，振捣棒的横向间距不宜大于450mm，均匀排列；两侧最边缘振捣棒与摊铺边缘距离不宜大于250mm。

挤压底板前倾角宜设置为3°左右。提浆夯板位置宜在挤压底板前缘以下5～10mm。

两边缘的超铺高程根据拌和物稠度宜在3～8mm调整。搓平梁前缘宜调整到与挤压板后缘高程相同，搓平梁的后缘比挤压底板后缘低1～2mm，并与路面高程相同。

滑模式摊铺机首次摊铺路面，应挂线对其铺筑位置、几何参数和机架水平度进行调整和校准，正确无误后方可开始摊铺。在开始摊铺的5m内，应在铺筑行进中对摊铺出的路面标高、边缘厚度、中线、横坡度等参数进行复核测量。

（5）铺筑作业技术要领。滑模摊铺机应缓慢、匀速、连续不间断地作业。严禁料多追赶，然后随意停机等待，间歇摊铺。摊铺速度应根据拌和物稠度、供料多少和设备性能控制在 0.5 ～ 3.0m/min，一般宜控制在 1m/min 左右。拌和物稠度发生变化时，应先调整振捣频率，然后改变摊铺速度。

应随时调整松方高度板控制进料位置，开始时宜略设高些，以保证进料。正常摊铺时应保持振捣舱内料位高于振捣棒 100mm 左右，料位高低上下波动宜控制在 ±30mm 之内。

正常摊铺时，振捣频率可在 6 000 ～ 11 000r/min 调整，宜控制在 9 000r/min 左右。防止混凝土过振、欠振或漏振。应根据混凝土的稠度大小，随时调整摊铺的振捣频率或速度。摊铺机起步时，先开启振捣棒振捣 2 ～ 3min，再缓慢平稳推进。摊铺机脱离混凝土后，应立即关闭振捣棒组。

滑模式摊铺机满负荷时可铺筑的路面最大纵坡为：上坡 5%，下坡 6%。上坡时，挤压底板前仰角宜适当调小，并适当调小抹平板压力；下坡时，前仰角宜适当调大，并适当调大抹平板压力。当板底不小于 3/4 长度接触路表面时，抹平板压力适宜。

滑模式摊铺机施工的最小弯道半径应不小于 50m；最大超高横坡宜不大于 7%。

单车道摊铺时，应视路面设计要求配置一侧或双侧打纵缝拉杆的机械装置。2 个以上车道摊铺时，除侧向打拉杆的装置外，还应在假纵缝位置配置拉杆自动插入装置。

软拉抗滑构造时表面砂浆层厚度宜控制在 4mm 左右，硬刻槽路面的砂浆表层厚度宜控制在 2 ～ 3mm。养护 5 ～ 7 天后，方允许摊铺相邻车道。

（6）问题处置。摊铺中应经常检查振捣棒的工作情况和位置。路面出现麻面或拉裂现象时，必须停机检查或更换振捣棒。摊铺后，如果路面上出现发亮的砂浆条带，就必须调高振捣棒位置，使其底缘在挤压底板的后缘高度以上。

摊铺宽度大于 7.5m 时，若左右两侧拌和物稠度不一致，摊铺速度应按偏干一侧设置，并将偏稀一侧的振捣棒频率调小。

通过调整拌和物稠度、停机待料时间、挤压底板前仰角、起步及摊铺速度等措施控制和消除横向拉裂现象。

摊铺中的滑模式摊铺机停机等料最长时间超过当时气温下混凝土初凝时间的 4/5 时，应将滑模式摊铺机迅速开出摊铺工作面，并做施工缝。

（7）滑模式摊铺机路面修整。在滑模摊铺过程中应采用自动抹平板装置进行抹面。对于少量局部麻面和明显缺料部位，应在挤压板后或搓平梁前补充适量拌和物，由搓平梁或抹平板机械修整。滑模摊铺的混凝土面板在下列情况下，可以用人工进行局部修整。

人工操作抹面抄平器，精确修整摊铺后表面的小缺陷，但不得在整个表面加薄层修补路面标高。

如果纵缝边缘出现倒边、塌边、漏肩现象，在顶侧模或在上部支方铝管进行边缘补料修整。

对于和纵向施工接头处，应采用水准仪抄平并采用大于 3m 的靠尺边测边修整。

滑模式摊铺机完成摊铺作业后，需要清洗和保养，第二天还要进行横向施工缝的处理。摊铺机端部的混凝土和振动仓中的砂浆都要清除，然后把两侧的模板向内收起，比侧模板稍微长一点即可。在施工缝处安装传力杆，符合平整度、高程、横坡、板长等的需要。

（三）三辊轴机组铺筑施工

1. 卸料、布料

车辆在卸料时，需要派专门的人对车辆进行指挥，这样才能保证卸料均匀。布料应结合摊铺的速度，这样才能确保用料得到合理供应。如果供应速度不匹配，需要对布料设备进行更换。当拌和物的坍落度较大时，应该取低的松铺系数；而坍落度小时，则应该取高的松铺系数。高的路段，其横坡高侧应该取高的松铺系数，低侧则取低的松铺系数。

2. 密排振实

在摊铺时，混凝土拌和物布料的长度在 10m 以上时，就要进行振捣作业。将振捣棒密排，形成振捣棒组，对混凝土混合物进行振捣，使混合物被捣实。振捣棒组移动的局地应该以振捣棒的作用半径为基准，在振捣半径 1.5 倍以下为宜，且不超过 500mm，通常振捣棒组振捣的时间在 15 ～ 30s。利用排式振捣机对混凝土混合物进行振捣，需要保持振捣棒的速度匀称和缓慢，这样才能形成连续匀速的振捣，尽量控制振捣速度在 4m/min。保持合理的振捣速度，使拌和物不会露出粗集料，拌和物液化面没有出现泥浆，也不冒气泡。

3. 拉杆安装

对路面的面板进行捣实，立刻安装纵缝拉杆。如果公路为单车道路面，在摊铺混凝土路面时，需要根据设计将拉杆插入侧模孔中。如果公路为双车道路面的混凝土路面，摊铺时，既要将拉杆插入侧模孔，又要将拉杆插入中间纵缝部分。拉杆的插入是利用插杆机作业的，保持拉杆间距和拉杆机移动距离的一致性。

4. 三辊轴整平机作业

（1）三辊轴整平机在对路面进行整平时，应对路面划分作业单元，每段为 20～30m，振捣机对混合料进行振捣，15min 内就应利用三辊轴整平机进行整平。

（2）对混合料的滚压振实使用三辊轴机，其料位高差应在模板顶面 5～20mm 以上，如果这个高度太高，需要将高出的料铲除，如果高度太低，就需要补充一部分料。

（3）在一个作业单元长度中作业时，三辊轴整平机可以使用前进振动、后退静滚的方式工作，每种方式最好都要做 2～3 遍。在实验铺筑阶段就要确定好最佳滚压遍数。

（4）专门安排人员控制三辊轴整平机的料位。如果料位太高，需要人工将高出的料铲除。轴下存在间隙时，可以补充混凝土。

（5）用机器对路面进行滚压，滚压结束后，抬出振动辊轴，使用整平轴对路面做静滚整平，当路面的砂浆厚度变得均匀，平整度达到标准后停止整平。

（6）控制混凝土路面表面的砂浆厚度，使其在 4mm 左右。当砂浆厚度过大时，应该将其刮除。

5. 精平饰面

刮除过厚的砂浆，应利用 3～5m 的刮尺对路面进行精平饰面，分别朝横向和纵向刮两遍以上。还可以使用旋转抹面机完成对表面的精平饰面。一般精平饰面的时间应在路面铺筑完成后所允许的最长时间内进行。

路面摊铺使用三辊轴整平机组进行作业时，需要进行精平饰面。如果缺少精平饰面的工具，也可以人工使用刮尺对表面反复刮，直到表面被刮平为止。不能直接利用三辊轴整平机对表面进行滚压，这样做的平整度是不够的，所以需要认真进行精平饰面。

（四）小型机具铺筑施工

对中、轻交通的低等水泥路面用小型机具完成铺筑作业，具有施工便捷的优点。

1. 摊铺

摊铺混凝土拌和物，需要先固定模板，找准模板位置，检查传力杆、拉杆是否能够正常运行，还要对出现破损的基层进行修复，在上面洒水润湿。摊铺前使用厚度标尺对路面的板厚进行测量，使其同设计的厚度相同时就可以进行摊铺了。

拌和料自卸车安排专人指挥，使拌和料能够精准卸料。在布料时，可以使用铁锹反扣，不允许抛掷物料。如果利用人工对混凝土拌和物进行摊铺，尽量保证坍落度在 5～20mm，其松铺系数也要在 1.10～1.25。当物料偏干时，要取高值，物料偏湿时，要取低值。

如果因为特殊原因导致停工时间超过 1h 或者初凝达到 2/3，不能对拌和物进行振实，需要把不能振实的拌和物废弃掉，并将铺好的面板端头设置施工缝。

2. 插入式振捣棒振实

（1）待振横断面上，利用 2 根振捣棒形成横向振捣棒组，然后顺着横断面对路面进行捣实，此时要避免出现漏振或欠振的情况，特别要对路面板底、内部、边角等处进行振捣。

（2）振捣棒在每一处的持续时间，应以拌和物全面振动液化，表面不再冒气泡和泛水泥浆为限，不宜过振，也不宜少于 30s。振捣棒的移动间距不宜大于500mm；至模板边缘的距离不宜大于 200mm。应避免碰撞模板、钢筋、传力杆和拉杆。

（3）振捣棒插入深度宜离基层 30～50mm，振捣棒应轻插慢提，不得猛插快拔，严禁在拌和物中推行和拖拉振捣棒振捣。

（4）振捣时，应辅以人工补料，随时检查振实效果、模板、拉杆、传力杆和钢筋网的移位、变形、松动、漏浆等情况，并及时纠正。

3. 振动板振实

（1）在振捣棒完成振实的部位后，可以纵横交错使两边全面提浆振实，每车道路面应配备 1 块振动板。

（2）振动板移位时，应重叠 100～200mm，振动板在一个位置的持续振捣时间不应少于 15s。振动板须由两人提拉振捣和移位，不得自由放置或长时间持续振捣。移位控制以振动板底部和边缘泛浆厚度（3±1）mm 为限。

（3）缺料的部位，应辅以人工补料找平。

4. 振动梁振实

（1）振动梁应具有足够的刚度，底部焊接或安装深度 4mm 左右的粗集料压实齿，保证（4±1）mm 的表面砂浆厚度。

（2）振动梁应垂直路面中线沿纵向拖行，往返 2～3 遍，使表面泛浆均匀平整。在振动梁拖振整平过程中，缺料处使用混凝土拌和物填补，不得用纯砂浆填补；料多的部位应铲除。

5. 整平饰面

（1）每车道路面应配备 1 根滚杠（双车道两根）。振动梁振实后，拖动滚杠往返 2～3 遍提浆整平。第一遍应短距离缓慢推滚或拖滚，以后应较长距离匀速拖滚，并将水泥浆始终赶在滚杠前方。多余水泥浆应铲除。

（2）拖滚后的表面宜采用 3m 刮尺，纵横各刮 1 遍整平饰面，或采用叶片式或圆盘式抹面机往返 2～3 遍压实整平饰面。每车道路面配备的抹面机不宜少于 1 台。

（3）在抹面机完成作业后，应进行清边整缝，清除黏浆，修补缺边、掉角。使用抹刀将抹面机留下的痕迹抹平，当烈日暴晒或风大时，应加快表面的修整速度，或在防雨棚遮阴下进行。整平饰面后的面板表面应无抹面印痕，致密均匀，无露骨，平整度达到规定要求。

6. 真空脱水施工

（1）真空脱水施工要求。

小型机具施工三、四级公路混凝土路面时，应优先采用在拌和物中掺外加剂，无掺外加剂条件时，要使用真空脱水工艺，该工艺适用于面板厚度不大于 240mm 混凝土面板施工。使用真空脱水工艺时，混凝土拌和物的最大单位用水量可比不采用外加剂时增大 3～12kg/m。拌和物适宜坍落度：高温天 30～50mm；低温天 20～30mm。每台真空脱水机应配备不少于 3 块吸垫。

（2）真空脱水施工作业。

脱水前，应检查真空泵空载真空度不小于 0.08MPa，并检查吸管、吸垫连接后的密封性，同时检查随机工具和修补材料是否齐备。吸垫铺放时要采取卷放，避免皱褶；边缘应重叠已脱水的面板 50～100mm。

开机脱水，真空度应逐渐升高，最大真空度不宜超过 0.085MPa。脱水量应经脱水试验确定。

当脱水达到规定时间和脱水量符合要求后，应先将吸垫四周微微掀起 10～20mm，继续抽吸 15s，以便吸尽作业表面和吸管中的余水。

真空脱水后，应采用振动梁、滚杠或叶片、圆盘式抹面机重新压实整平 1～2 遍。整平后的路面，采用硬刻槽方式制作抗滑构造。真空脱水混凝土路面切缝时间可比规定时间适当提前。

四、特殊季节路面施工

外界环境对水泥混凝土施工的影响非常大，因此必须对天气预报的具体情况进行记录，这样，一旦遇到雨天、风天、高温、低温等情况，在铺筑路面的过程中就可以采取相应的措施来应对，使路面施工的质量得到保障。

（一）雨季施工

遇到雨季的时候，对路面进行铺筑施工应做好防雨措施。如果材料场、水泥仓、拌和场等处于低洼地势，就需要在周围挖出排水沟或者相关的排水设施，另外也要搭建防雨棚，准备塑料布、薄膜等能够覆盖的防御设备，一旦下雨就可以将这些物品覆盖在铺筑的路面、设备上面。

当施工时遇到雨天，就需要停止继续施工作业。下雨后，也应先完成排水工作，再进行铺筑施工。因为雨天会导致集料增大含水量，为此需要对集料的加水量作出合理的调整，防止混合料的黏稠度不符合标准。所使用的材料都应该从料堆内部取出，拌和的材料不可以使用底角料，否则会因为含泥量较多而影响混凝土混合物的性质。雨天湿度较高，很容易导致水泥等受潮，所以一定要做好防潮措施。当路面被降雨轻微冲刷后，路面的平整度和微观抗滑构造依然符合铺筑标准，需要对其宏观抗滑构造进行恢复。如果路面因为暴雨的冲刷而产生严重的破损，平整度出现裂化时，就需要将破损的地方进行铲除，并使用机械重新铺筑。

（二）风天施工

一些地区日照时间长，会形成多风的天气，沿海地区也经常刮风，所以在这些地区进行路面建设施工时，就需要做好防风措施。可以利用风速计对风速、风级进行测定，路面刚摊铺好时，如果风较大，会使水分过快蒸发从而容易导致路面开裂，因此应用薄膜进行铺盖，及时喷洒养生剂。

（三）高温季节施工

一旦施工现场的温度在30℃以上，拌和物摊铺温度超过30℃，空气湿度低于80%时，就应该根据高温季施工规定完成对路面的摊铺工作。

特别是到夏季时，外界温度非常高，不仅水分快速蒸发，还容易形成水化作用，如果不进行合理的处理，铺筑后的混凝土路面很容易因为过快的水分流失而产生裂缝，导致施工质量大大降低。因此在高温季节进行路面施工，就需要有效的措施来确保温度和湿度符合施工需求，让施工质量得到保障。

在高温季节施工时，应该在施工现场搭设遮阳棚，以供混凝土拌和使用。材料堆也应做好防晒措施，将温度较低的材料放在料堆内部，为粗集料、模板、基层等洒水，使其温度得到降低。拌和集料时，用低温度的水拌和。

为了使混凝土混合物的初凝时间得到延缓，需要在混合物中添加一定量的缓凝剂，并且施工的时间尽量选择早晨或夜间，此时外界气温会比其他时间低。应随时抽查施工过程中外界的气温，保证水泥、拌和物、水等的温度符合施工要求，避免混凝土出现水化热反应。

（四）低温季节施工

低温季节施工是指连续 5 昼夜的时间施工现场平均温度在 5℃ 以下，最低气温在 -3℃～5℃，此时进行施工需要根据低温季节施工的相关规定开展施工作业。

在低温下施工，会降低水泥的水化速度，延长水泥混合物的强度增长时间，一旦温度低到一定程度，新铺筑的路面就会结冰，导致内部被破坏，为此一定要采取有效的防控措施，避免因低温而影响施工质量。在低温下施工，选择的水泥集料为早强型水泥，而且要在拌和料中添加早强剂、促凝剂，有利于铺筑路面快速凝结。还要对外界气温进行测量，保证水泥、拌和物、水等的温度符合铺筑的要求。

对路面进行保温保湿，需要利用塑料薄膜将路面覆盖，也可以在路面上喷洒养生剂，将能够保暖的草帘铺盖在上面，使刚刚被铺筑初凝的路面得到合理的保护。搅拌机搅拌物料时，要保持出料温度高于 10℃，摊铺机在摊铺路面时，混凝土的温度也要高于 5℃。混凝土路面养生时的温度应高于 5℃，如果混凝土的温度太低，就应在混凝土中加入热水、热砂料等拌和，但也要保持热水和热砂等的温度，水温应该低于 80℃，砂石料温度也要低于 50℃。

五、水泥混凝土路面施工质量控制与检查验收

根据施工质量管理的相关规定对水泥混凝土路面进行施工，要建立起可靠的质量保证体系，对施工的全过程进行监督，确保质量、投资、管理等各方面都得到保障，检查每个阶段的工序，使施工质量符合需求标准。

（一）施工前材料控制

为了保证道路铺筑的质量，所使用的原材料也要有高的质量。控制好原材料的质量，使符合施工标准的原材料进入施工现场，而不符合施工标准的材料一律不可进入。

在现场的质量检验设备和人员要充足，能够随时对施工现场的原材料进行抽样检查。在路面铺筑施工前，需要做路段铺筑试验，还要通过试验确定混凝土的配比，以确定最适宜道路施工所学的原材料配合比，提交相应的材料检验报告和配合比报告。当监理对这些报告进行验证并提报上级审批后，就可以开展路面施工作业了。施工单位对于养生剂、外加剂等原料需要同供应商签合同，确保这些材料的供应质量达标，供应数量能满足路面施工需求。

对原材料进行抽检是随机分批次对原材料的质量进行检验的过程，要根据国家颁布的关于水泥混凝土路面施工技术细则等规定进行抽样检查。每个建筑单位建设过程中所需的材料都分别来自不同的供应商，因此要保证各个供应商所提供的材料质量。如果材料种类、型号等不同，需要分别存放，不能相互混放在一起，防止彼此受到影响。当水泥罐换装水泥时，应对原水泥罐进行清罐，能够有效防止污染。

（二）铺筑试验路段

不同的施工项目需要施工的材料是不同的，具体的材料配合比也会有较大的差异，因此在实际的摊铺过程中，需要结合摊铺需要来调整摊铺参数。要在正式摊铺作业前进行试铺作业，该实验摊铺的路段要在200m以上，其路面的宽度、厚度、接缝、基准线、钢筋等要和正式摊铺保持一致，为正式摊铺提供相关数据和依据。

（1）对拌和设备的性能进行检验，同时根据其性能制定拌和制度，检验摊铺机的性能，查看摊铺机的生产能力是否符合道路摊铺的需求，然后检查各个机械之间配套的合理性，对不合理的设备搭配进行调整。

（2）经过拌和实验，对所需要的材料配合比进行调整，然后分析拌和物的振动黏度系数、泌水量、含气量、离析情况等，并做出优化处理。

（3）先进行试铺试验，确定设置模板架设、基准线的方式，对摊铺机实际工作参数做出合理的调整。

（4）对施工中所需的人工、机械设备、模具等数量进行统计，最后总结出适宜的人员结构，形成可靠的施工组织模式。

（5）根据试铺来检验材料、混凝土的指标，进而检验材料的坍落度、含气量，同时也能明确混凝土路面的平整度、弯拉强度等。

（6）对各种构造方法、接缝方式、养生模式等进行了解和掌握，有利于顺利开展各项施工工艺。

通过试铺，施工人员能够总结出原材料、混凝土、施工机械等各项数据、参数等，同时做好记录，为正式摊铺提供依据。质监部门要监督整个试铺施工过程，对试铺施工中出现的各种问题同施工单位进行协商和解决。施工单位根据试铺总结的数据给出试验路段总结报告，提交到监理，经过批复后才能正式进入道路铺设的阶段。

（三）施工过程中的质量控制与检测

道路铺筑应根据相关的技术准则来检验原材料、拌和料等，还应对混凝土路面的板厚、弯拉强度、平整度等指标进行检测，最后完成对施工过程的质量把控。

第五章　桥梁施工

　　桥梁施工在桥梁工程中的作用非常大，对工程的工期、质量、造价起到决定性作用。因此，在施工过程中，需要合理采用施工方案，利用科学的管理手段组织施工，制定施工管理体系和施工进度标准等。

　　我国在桥梁建设上积累了丰富的施工经验，能够对一些有难度的工程如深水基础、高桥墩等开展施工作业。我国的南京长江大桥，在水下几十米深的地方完成对大桥基础的施工；南昆铁路清水河桥的桥墩施工高度达 100m。可见桥梁施工需要采用专业化的施工设施，搭配预制装配施工方法，能够使施工事半功倍。例如对弯桥、斜拉桥等使用就地浇筑的方法，而模板、支架设备一般用干钢结构或常备式钢结构；桥梁施工时，使用的施工工具主要是大型起吊设备、大件运输设备、高吨位预应力设备、大型移动模架、绞丝机等。在实际的桥梁施工中，不仅要总结以往的施工经验，还要借鉴国外桥梁施工的优秀经验，才能使我国的桥梁施工技术不断进步。

　　施工是非常复杂的工作，涉及很多知识内容，如地质、地貌、机械、电器、管理、天文、气象等，同时也要做好对人员的管控、同政府机构等的对接等。所以，桥梁工程施工需要不同行业的人员参与，并且齐心协力地完成施工任务。

　　桥梁施工应做好对施工组织的管理，同时也要采用适宜的施工技术。桥梁施工技术主要包括对桥梁施工技术方案的制定，选择安全可靠的施工办法，明确施工过程中所需的各种设备、物料、人员等。对施工组织管理需要安排各施工阶段的人员、设备、材料、资金等，使各方面得到协调配合，制定施工计划表，安排场地布置，对施工全过程进行监督管理，做好工程质量管理工作，处理施工经济管理和经济分析等方面的问题。

第一节　桥梁施工方法选择

一、桥梁基础工程施工方法

桥梁施工一般利用扩大基础、桩基础、沉井基础、管柱基础等基础类型。基础的施工方法主要有浇筑法、下沉法、灌桩法等，具体分科如图 5-1 所示。

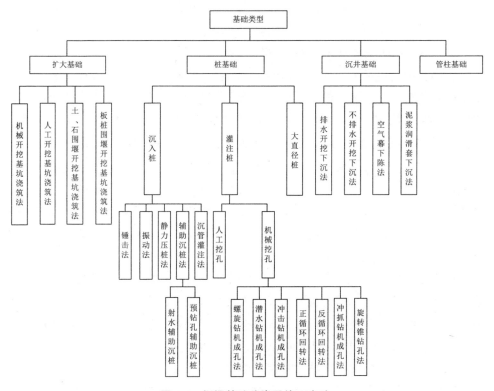

图 5-1　桥梁基础分类及施工方法

（一）扩大基础

扩大基础也称明挖扩大基础，是把墩及以上的部分所带来的荷载直接向下传递到支撑地基的形式，在扩大基础的施工中多采用明挖基坑的方式。扩大基础有以下特点：

（1）可以直观地在现场对支撑地基的情况进行确认，然后开展施工，才能够保证施工质量。

（2）开展施工时能够产生较小的噪声、振动等，有效降低地下污染的形成。

（3）施工过程中不需要太大的操作空间。

（4）造价相对低廉，施工的工期比其他基础所用时间短。

（5）冻胀、冲刷等对基础的影响比较大。

扩大基础的施工，应先挖基坑，然后处理基底，再进行圬工或立模的砌筑、绑扎钢筋，最后将混凝土浇筑。基坑的开挖应特别注意挡土和排水的问题，需要有效解决。

如果土质比较坚硬，不用对挖完的基坑坑壁做支护措施，只要根据相应的坡度向下挖基坑就可以了。如果土质相对疏松，或者利用土、石围堰，就需要对挖完的基坑坑壁部分采取支护措施，以使坑壁得到加固，避免坑壁因为缺少防护而坍塌。通常对坑壁的支护方法有挡板支护加固、喷射混凝土加固等。

对地下水的处理程度是复杂还是简单，影响着扩大基础的难易程度。如果地下水的水位比基础的地面高程还要高，此时就需要先进行排水作业，或者采取一些止水措施，然后再进行基础施工。如用水泵将积水坑中的水排出，利用深井或井点等方式降低地下水的水位，使其低于开挖面，这样就能够让开挖工作不被地下水干扰，处于干燥的施工状态。还可以利用化学灌浆法、围幕法对地下水进行清理，避免影响扩大基础的施工。不过这些防水或止水的措施都存在着各自的制约性，需要根据实际的需求选择使用。

（二）桩基础

桩是埋入地下的构件，通过桩能够把来自上层的荷载传递到土层深处，从而让基础能承受更大的荷载。

在实际的施工中，会采取不同的桩类型，因此成桩方式也不同。常见桩的分类有以下几种：

1. 沉入桩

沉入桩是利用捶打或振动等方式使预制桩深入地下的桩基础构造方式，必须使桩到达指定的高程位置。一般沉入桩所使用的预制桩可以是木桩、混凝土桩、钢桩等类型。预制桩的特点如下：

（1）需要在预制场中制造而成，能够控制桩身的结构、质量等。

（2）预制桩的沉入方式非常便捷，施工质量利于保证。

（3）在水面上就可以完成对预制桩的沉入工作。

（4）有着较大的施工噪声，而且振动比较剧烈，对环境会造成较大的污染。

（5）施工时运输、起吊设备的能力有限，所以制成的预制桩的长度受到限制，需要将每节预制桩运输到现场后进行接桩。桩的接头相对麻烦，还可能存在构造弱点。桩在接成后如果其垂直度得不到保证，桩的承载能力就会下降，沉入后很可能会断桩。

（6）比较厚的坚硬地层难以穿透，需要通过射水、预钻孔等方式将坚硬地层打穿。

（7）如果地基的桩长度超过预期时，还需要将超出的部分截掉，会增加投入成本。

对沉入桩进行施工的方法可根据实际的施工需要进行选择，一般可以使用锤击、振动、静力压桩、辅助沉桩、沉管灌注等方式完成沉桩施工。

2.灌注桩

在施工现场用机械或人工把地层钻孔，将地层挖出设计好的孔径和深度的深孔，然后把已经制作好的钢筋骨架放在孔中，并灌入流动性的混凝土，最后制成的桩基就是灌注桩。制作灌注桩所灌入的水下混凝土需要使用垂直导管进行灌注。制成的灌注桩具有以下特点：

（1）和沉入桩的沉入方法相比，降低了噪声，不会引起剧烈的振动，对环境的污染程度较低。

（2）可以修建的桩较大，而且能够承载更高的荷载。

（3）在各种地基上都能使用，不限制地基的土质。

（4）如果施工的地基是粉砂，需要防止出现孔壁坍塌、孔底沉淀等状况，因为只有避免各种不利因素的产生才能保证桩体施工的质量，让灌注桩的承载力更高。

（5）由于是在水中灌注混凝土，所以不容易控制混凝土的质量。

制作灌注桩会采用不同的机械进行打孔，打孔的方法主要是螺旋钻机成孔法、潜水钻机成孔法、冲击钻机成孔法、正循环回转法、反循环回转法、冲抓钻机成孔法、人工挖孔等。

3.大直径桩

大直径桩通常是指直径超过 2.5m 的桩，当前最大的桩的直径为 6m。在桥梁基础建设中，广泛应用大直径桩，使用时会采用实心桩或空心桩的方式进行施工，采用的施工方法一般为钻孔灌注、预制桩壳钻孔埋置等方法。为了便于大直径桩在水下受力，需要做成变截面的桩体形式。和普通桩相比，大直径桩在钻机选型、钻孔泥浆、施工工艺等方面有较大的区别。

（三）沉井基础

沉井基础通常是筒状结构，其断面要大于桩，而且刚度也更高。在对沉井基础进行施工时，可以交替构筑、开挖井内土方，最后使沉井基础在已经预定好的地基上沉落。如果构建沉井基础的位置为岸滩或潜水，通常使用的方法为筑岛法；如果构建的位置在深水中，就需要利用浮式沉井法，先把沉井用水浮送到相应的地点，然后将沉井沉落到地基上。

沉井的类型可以根据使用的材料、制成的形状、用途等划分成不同的类型，但所有的沉井基础都有以下方面的特点：

（1）沉井基础一般都设置在 10～40m 的深度。

（2）沉井基础比其他基础有着更大的抗水平作用力，而且竖直方向上的承载力也相对较高。

（3）沉井基础的刚度比其他基础大，变形能力较小，所以多用于拱桥、斜拉桥、吊桥等的基础施工，因为这些桥型对基础变位有着较高的要求。

对沉井基础进行施工时，沉井的下沉是比较难的环节，需要从井孔内将土清除出去，将刃脚正面的阻力、沉井内壁的摩擦力都消除后，沉井根据自身的重量会慢慢沉到相应位置。可以采用排水开挖和不排水开挖的方式使沉井下沉。一般都采用不排水开挖来使沉井下沉，除非渗水量较小时，才使用排水开挖来达到沉井下沉的目的。沉井下沉的过程中，还可以采用压重、高压射水、炮震、降低水浮力等方式来辅助沉井下沉。

（四）管柱基础

管柱基础有着比较复杂的施工方法和工艺，需要更多的机械设备，所以这种桩基础在桥梁建造中很少使用，除非需要在复杂的水文地质条件打桩才会应用管柱基础。因为普通的基础在复杂水文地质条件中很难实施，而且不能保证质量，而管柱基础的质量相对更高，特别是在深海、水流较大的水域中，更应利用管柱基础。

通常采取管柱基础施工的步骤是管柱的预制、拼装围笼；管柱的浮运，到达指定位置后下沉；在管柱底基岩上打孔，然后在其中安装钢筋笼，最后完成水下混凝土的灌注。在施工中使用的管柱一般有钢筋混凝土、预应力钢筋混凝土、钢管等类型。管柱基础的下沉方式类似沉入桩，下沉时利用射水、吸泥等方式辅助施工，通过导向架、整体围笼等导向装置使管柱能够准确下沉到指定方位。

二、桥梁承台及墩（台）身的施工方法

（一）承台

在旱地或者近河水面处搭建桥梁基础时需要设置承台，能够让桩基础形成共同受力，而且使其承受力变得更强。搭建承台的方法同扩大基础的方法相似，所采用的施工方法主要有明挖基坑、挡板围堰等。

深水区的承台施工需要使用钢板桩围堰、钢管桩围堰、双壁钢围堰、套箱围堰等方式开展。各种围堰的方法都是要将水阻挡在外，从而让承台施工拥有一个干燥的环境。其中钢板桩围堰和钢管桩围堰是相同的类型，不过材料不同而已。在采用双壁钢围堰时，应同时考虑桩基和承台的施工，桩顶设置钻孔平台，当安装完桩基后，需要将钻孔平台拆除，然后搭建承台。采用套箱围堰时，利用钢材制造套箱，套箱可以是有底的，也可以是无底的，结合实际的需求来设计出单壁或双壁的类型。

（二）墩（台）身

对墩（台）身进行施工，需要结合其具体的结构形式来选择适宜的施工方法。如果墩（台）身的结构比较简单，而且高度较低，就可以采用传统的立模现浇的方式完成施工。如果墩（台）身的高度比较高，而且形式相对复杂，如斜拉桥、悬索桥的索塔、高墩等就需要采取同模板结构相适宜的施工方法，主要是用滑升模板、爬升模板、翻升模板等施工方法。这几种施工方法都需要把墩（台）身分成多个阶段，然后从下到上逐步完成对墩（台）身的施工作业。

滑升模板的施工方法能够准确把控结构物的外形尺寸，施工作业也更加安全，可以均衡施工进度，采用较多的机械设备。不过这种施工方式利用液压装置来滑升，机械设备多，提升了施工的成本。爬升模板是在模板的外侧搭设爬架供施工使用。和滑升模板相比，爬升模板需要用更多的材料，而且还要专门搭设起吊设备使模板能够提升。

根据实际的情况对高墩（台）身开展施工作业，选择适宜的施工方法。如果是中、小桥的施工，直接就地取材使用石头完成对墩（台）身的砌筑，这样的施工工艺简单快捷，不过要确保工程的质量符合标准。

三、桥梁上部结构施工方法

对桥梁上部结构进行施工，需要根据其结构形式来选择具体的施工方法。除了特殊的施工方法外，桥梁上部结构施工主要可以使用整体施工法和阶段施工法。

（一）整体施工法

桥梁上部结构的整体施工法主要有整孔架设法、预制装配法、就地浇筑法等。利用整体施工法能够根据桥梁结构在伸缩装置上完成对整体结构的施工作业。如果起重能力不足，能够根据原有图纸结构将桥从横向上划分成预制梁，把预制梁架设起来后就能形成整体。整个桥梁上部结构的施工过程中，不存在体系转换的问题。

1. 就地浇筑法

在桥跨间设置支架，在支架上安装模板、绑扎钢筋、浇筑混凝土的施工方式就是就地浇筑法，而且有着特殊桥梁的异形桥、斜桥、弯桥等在施工中也会使用就地浇筑法。就地浇筑法所设置的支架一般分为布式、柱式、梁式、梁柱式等类型，通常采用门式支架、扣件式支架、碗扣式支架、万能杆件、钢组合件等多种样式的材料。虽然搭设的支架是临时结构，但依然要承载梁体大部分的重量，这需要在搭建时保持支架的强度，还要对支架的地基进行加固，让支架的牢固性更加可靠。

2. 预制装配法

安装预制构件可以采用多种方法，根据实际情况选择适宜的架设设备。但使用该方法需要预先设置预制场，通常是在工程等附近设置。预制梁经过相应的方法安装后可以连成一个整体结构。一般在对钢筋混凝土、预应力混凝土的支板或梁桥进行施工时会使用到预制装配法，使用的预制梁的跨径在 50m 以下方可。采用预制装配法的特点是便于掌控预制构件的尺寸和质量，还能够让桥梁的上部和下部同时作业，极大地降低了施工时间，而且劳动力的运用也更加有效率，节省了成本。构件的安装需要存放一段时间，能够避免因混凝土收缩、徐变等导致的变形，降低了施工中的预应力损失。在施工时，采用的支架、模板相对较少，对桥下的交通影响降低。但在实际施工中需要用到大型的起吊设备。

3. 整孔架设法

预制梁整体架设可以由大型起吊设施通过整孔架设进行安装，这样的方法就是整孔架设法。一般在江、湖泊、海湾等处架设桥梁会应用到整孔架设法。中、小跨径桥梁未来施工会用到整孔架设法，而且其适用范围也会越来越广。

（二）阶段施工法

在预应力混凝土梁桥的施工中形成了节段施工法，其中使用最广的是悬臂施工法。这种施工方法不用架设支架，可以利用对称悬臂来完成对大跨径预应力混凝土桥梁的架设。采用这样的施工方法，能够让中等跨径桥梁的连续架设变得更加便利，能够使用一套设备以通过逐孔施工或移动模架等方法完成桥梁的连续施工，还可以在施工中使用分段预制、分段顶推的方法。阶段施工的方法较多，需要结合实际的施工需要来选择。

阶段施工需要将桥梁的梁体划分为不同的阶段，施工过程需要形成相应的设计体系，这就使整个施工中存在体系转换的情况。所采用的施工方法不同，结构的构造和内力，使用的设备、人力，管理的方式和工期等也有极大的差异。因此，在选择施工方法时，一定要结合具体的桥梁设计和实际的施工需求来选择，以保证施工的安全、经济。

1. 悬臂施工法

采用悬臂施工法，要从桥墩 0 号主梁朝着墩两侧对梁段进行悬臂浇筑施工，确保浇筑的对称性和均衡性，也可以对预制节段展开对称性的悬臂拼装作业。悬臂施工法的施工特点是：施工中，梁会受到负弯矩，桥墩受到不对称弯矩，因此在连续梁、斜拉桥的运用状态和施工内力状态相接近的桥梁施工时应采用悬臂施工法；对于利用非墩梁固结的预应力混凝土悬臂梁或连续桥，施工时需要对墩和梁进行相应的临时固结，当相邻的悬臂对接后，可以使固结接触，从而形成体系的转换；根据实际的施工情况选择适宜的机具和设备，如斜拉式、桁架式、前支点式等形式的挂篮等。在使用悬臂施工法的过程中，因为支架使用量比较少，所以对桥下的交通不会产生较大的影响，多使用在深水、深谷、高墩的跨桥建设中。悬臂浇筑施工能够对施工位置进行调整，保持良好的结构整体，施工方式也非常便捷，在跨径超过 100m 的大桥施工中运用。悬臂拼装施工法能够同时进行上部结构和下部结构的施工，主要在跨径低于 100m 的大桥施工中运用，要求较高的精度。大跨度预应力混凝土桥梁的阶段施工中主要选择悬臂施工方法。

2. 逐孔施工法

逐孔施工是利用一套支架和模板，在桥的一端开始施工，逐个孔进行，最后完成整个桥梁的铺设。逐孔施工的方法有三种，第一种是逐孔安装预制梁，和预制装配法相类似；第二种是逐孔安装临时支撑组拼的预制节段，是一种比较快速、安全的施工方法；第三种是利用一个孔梁支架和木板逐孔现浇的施工方式，工期较长，施工费用相对较低。

3. 移动模架施工法

移动模架施工法和现场桥梁预制施工相同，是对桥梁逐孔浇筑的方法。采用移动模架施工时，需要搭设支架，对桥下的交通不会带来影响，使用的移动模架能够重复使用，确保施工质量和安全。在具体的施工过程中，使用了较多的机械设备，自动化程度较高，能让上部结构和下部结构同时运作，让工期有效缩减。在桥梁受力较小的位置安置接头，能提升桥梁的使用寿命。这种施工的技术较复杂，而且需要投入很多设备，增加了投入成本，主要应用在跨度低于50m的桥梁架设中。

4. 顶推施工法

顶推施工法是在沿桥纵向的桥台后设置预制场，分节段预制，然后使用纵向预应力筋把预制节段和梁体相互连接在一起，通过水平和竖向的交错力把梁体从预制场地推出，然后预制场地继续制作下一个节段。顶推施工法在施工时需要对施工内力进行临时减小，可以在截面上连续使用顶推作业。

四、其他施工方案

在拱桥、斜拉桥、钢构桥的施工中会使用转体施工法，主要是在岸边设置支架，对桥梁上半部结构进行预制，其使用的设备较少，但施工速度快，而且节省成本。转体施工法可分成平转和竖转两类，施工的方式则分有平衡重和无平衡重两种。

还有劲性骨架法，主要是将钢骨架制成拱圈的劲性拱架，利用现浇混凝土将骨架包裹住，就建成了钢筋混凝土拱桥。对桥的骨架也可以采用型钢、钢管等来制作。

五、混凝土梁桥施工方法的选择

混凝土梁桥的种类很多，根据制作材料可分为钢筋混凝土梁桥、预应力混凝土梁桥；根据结构体系，则分为简支板梁桥、悬臂梁桥、T形刚构桥和连续梁桥等。每种梁桥在施工时都可以选择适宜的方法，这需要根据具体的施工情况来决定。表 5-1 中为不同类型混凝土梁桥一般所使用的施工方法，表 5-2 为各种施工方法所适用的桥梁跨径。

表 5-1　混凝土梁桥一般选用的施工方法

桥梁类型	整体施工法			阶段施工法			
	就地浇筑	预制装配	整孔架设	悬臂施工	逐孔施工	移动模架	顶推施工
钢筋混凝土简支板梁桥		√	√				
钢筋混凝土悬臂梁桥	√	√	√				
钢筋混凝土 T 形刚构桥	√	√					
钢筋混凝土连续梁桥	√						
预应力混凝土简支板梁桥	√	√	√				
预应力混凝土悬臂梁桥		√	√	√			
预应力混凝土 T 形刚构桥				√			
预应力混凝土连续梁桥	√			√	√	√	√

表 5-2　各种施工方法所适用的桥梁跨径

施工方法		常用跨径 / m	可达到的跨径 / m
整体施工法	就地浇筑	20～70	70～170
	预制装配	20～50	50～100
	整孔架设	20～50	50～100
阶段施工法	悬臂施工	70～210	210～310
	逐孔施工	20～80	80～150
	移动模架	20～80	80～100
	顶推施工	60～80	80～220

如何选择混凝土桥梁的施工方法，需要结合相应的条件。

（1）使用条件，主要包括桥梁的类型、跨径、墩高等，此外还要明确桥台形状、场地施工限制、桥下净空限制等。

（2）施工条件，包括施工设备、运输机械、供应材料、施工技术、组织管理水平、工期要求等，也需要明确设备架设的相关条件，如是否需要封闭交通等。

（3）自然环境条件，主要是外界的地形、水文等，还要考虑运输路线及对周围环境的影响。

（4）社会环境条件，主要是施工过程中产生的噪声、垃圾等对环境的影响，如阻塞交通、形成障碍、产生污染等。

六、工程质量检查验收

道路施工结束后，需要对工程质量进行检查和验收。施工单位会将整个铺筑的路线划分成适宜的评价段，然后结合规定的检验标准完成道路自检，对原始记录、检测结果做好记录，获得道路质量总结报告，申请监理方对工程展开验收工作。

当施工单位的验收申请提交到监理、业主处时，他们会对资料进行确认，然后抽查其中的数据进行验证，如果提交的报告数据和规定标准相符，最后完成相关的验收工作。

第二节　桥梁施工测量

一、概述

桥梁施工测量要对墩（台）中心位置、桥轴线、构造物细部构造等进行精准测量。大型桥梁的建设，需要明确桥位中线长度、高程等，因此要建立平面控制网和高程系统，使桥梁的高程、跨径等符合设计标准，为实际施工建设提供依据。

中线测量的工作有测量桥轴线长度、测量补充水准点、测量桥梁两端的控制桩等。对补充水准点的测量有利于施工水准网的建立，也能有效控制桥梁结构的高程。

测量人员要重视对桥梁施工的测量，自身不仅要具备精准的测量技术，还要保持良好的测量规范，能够积极同他人协作，保证测量工作顺利完成。每个测量人员都应做好测量准备工作，明确所测量的工具、图纸等，做好测量工作的分工，对测量设备进行检查，制定测量的工作步骤，还要同监理单位对先创固定桩交接工作进行协商处理。

二、桥位中线测量

测量桥位中线，明确桥位中线的长度，能够对墩（台）的具体位置进行判断。在测量桥位中线时，需要对中线的长度和方向进行控制，这样能够使墩（台）位置同设计方案相一致。因此要确保测量的桥轴线精度达到标准。

测量桥轴线的长度，要保证精度，可以建立三角网和国家的控制点共同测量。在同国家平面控制点联合测量，能够让线路坐标更加准确和统一，可以参照公路桥施工技术规范来衡量测量的质量。

（一）预估桥轴线长度的精度

对桥轴线长度的精度进行预估，然后拟定测量方案，对测量的限差进行制定，然后再具体完成桥轴线长度的测量。桥的长度、跨径、假设精度等都会对桥轴线测量的精度造成影响。因此，在预估桥轴线长度的精度时，需要对以上因素进行综合考量。

现以某地连续钢桁梁桥为例，该桥共有 9 孔，分为 3 联，每孔分为 10 节，每节上（下）弦杆的长度为 16m。联与联间支座的中心距为 2m，所以桥总长 D = 9×10×16 + 2×2 = 1 444（m）。两桥台支座及联与联间的支座安装限差均为 ±5mm。根据有关标准规范的规定，钢梁各杆件长度的误差不超过其设计长度的 1/5 000，则每节上（下）弦杆的极限误差为 16 000/5 000 = ±3.2（mm），而每联的极限误差可按下式计算：

$$\Delta \delta = \pm \sqrt{\delta_1^2 + Nn\left(\frac{s}{5\,000}\right)^2 + \delta_2^2}$$

式中：δ_1、δ_2——支座安装限差；

$\qquad$ N——每联的孔数；

$\qquad$ n——每孔上（下）弦杆数量；

$\qquad$ s——上（下）弦杆长度。

将上述数据代入式中，即可算出每联的极限误差：

$$\Delta \delta = \pm \sqrt{5^2 + 3 \times 10 \times \left(\frac{16\,000}{5\,000}\right)^2 + 5^2} \approx \pm 18.9 (mm)$$

则全桥钢梁架设的极限误差：

$$m_D = \pm\sqrt{3}\Delta\delta = \pm\sqrt{3}\times 18.9 \approx \pm 33(mm)$$

则全桥钢梁架设的相对中误差：

$$\frac{m_D}{D} = \frac{33}{2\times 1\,444\,000} \approx \frac{1}{87\,515}$$

若测量桥轴线长度的误差小于 1/87 515，说明测量结果的精度是符合要求的。

（二）桥轴线长度的测量方法

对桥轴线长度进行测量，可以使用光电测距法、直接丈量法、三角网法。这三种方法能够对直线桥梁的桥轴线长度进行测量，但如果测量曲线桥梁的桥轴线长度，就需要根据轴线在曲线上的位置来确定使用哪种测量方法了。

1. 光电测距法

光电测距法主要是用光电测距仪来测量，其测量精度高，操作简单便捷，而且不会受到地形的限制，所以在测量桥轴线上得到了广泛的应用。

利用光电测距仪进行测量时，需要在晴朗的天气开始进行，外界大气透明度高，气候稳定，也没有信号光电对测距产生干扰，测定的信息准确性比较高。测量时，需要选择多个测定的时间点，而且不能利用反光镜面对着太阳的方向测量。

将测距仪对准方向，仪器会显示出测定的数值，多测几次取平均值，这就测得了斜距。然后测定垂直角，通过倾斜改正能获得单方向的水平距离观测值，就可获得平距。观测的值可能会存在一定的偏差，只要在允许范围内，就可将这些值取平均值，所得到的值就是距离观测值。

2. 直接丈量法

当所测量的桥梁地势比较平坦，视野非常通透，测得桥轴线长度的方法就可以利用直接丈量法。这种方法使用的测量工具非常简便，而且测得的数值精度也比较高，很多小型桥梁的桥轴线长度就是用这种直接丈量法来测定的。

为确保长度丈量精度和测距精度一致，需要对测距所用的钢尺进行检查和测定，取得尺长改正数 Δl。

用钢尺量距的方法如下：

（1）沿桥轴线方向用经纬仪定线，钉出一系列木桩，桩的标志中心偏离直线最大不得超过 ±1cm。为便于丈量，桩间距应比钢尺的全长略微短一些（约 2cm）。

（2）用水准仪测出相邻桩顶间的高差，为了校核应测两次，精准到毫米，两次高差的差值应不超过 2mm。

（3）丈量时，应对钢尺施以标准拉力，每一尺段可连续测量 3 次，每次读数时均应变换钢尺的前后位置，以防差错。读数取至 0.1mm，3 次测量结果的较差不得超过 2mm。在测量距离的同时应记下当时的温度，以便进行温度改正。

（4）计算桥轴线长度。每一尺段的丈量结果应进行以下改正：尺长改正 Δ_l、温度改正 Δ_t，以及倾斜改正 Δ_h，即

$$\left.\begin{array}{l} l_i = l'_i + \Delta_l + \Delta_t + \Delta_h \\ \Delta_l = l_0 - l \\ \Delta_t = l'_i \alpha (t - 20℃) \\ \Delta_h = -\dfrac{h^2}{2l'_i} \end{array}\right\}$$

式中：l_i——各尺段经过各项改正后的长度；

l'_i——各尺段未经过各项改正的实量长度；

Δ_l——尺长改正数；

Δ_t——温度改正数；

Δ_h——倾斜改正数；

l_0——检定时的标准长度；

l——名义长度；

α——钢尺线膨胀系数；

t——测量时温度；

h——相邻桩顶高差。

桥轴线一次测量的总长为

$$l_i = l_1 + l_2 + \cdots + l_n$$

取各次丈量结果的平均值，即桥轴线的长度。

（5）评定丈量的精度。

每个观测值的中误差：

$$m' = \sqrt{\frac{vv}{n-1}}$$

式中：vv——各次丈量值与算术平均之差的平方和；

n——丈量次数。

算术平均值的中误差：

$$m = \frac{m'}{\sqrt{n}} = \sqrt{\frac{vv}{n(n-1)}}$$

量测段全长的中误差：

$$M = \pm\sqrt{m_1^2 + m_2^2 + \cdots + m_n^2}$$

量测段的精度：

$$M_L = \frac{M}{L}$$

式中：M——量测段全长的中误差；

L——量测段全长的算术平均值。

3. 三角网法

当采用直接丈量法有困难时，或不能保证必要的精度时，可采用间接丈量法测定桥轴线。把桥轴线作为三角网的一个边长，测量基线长度，用三角测量的原理测量并解算，即可得出桥轴线的长度。

三、桥梁三角网的布置

（一）布设桥梁三角网的目的

布设桥梁三角网的目的是求出桥轴线长度及交会处墩台的位置。因此，布网时应注意以下几点：

（1）三角点之间视野应开阔，通视要良好。

（2）三角点不应位于可能被淹没及土壤松软地区。

（3）三角网图形要简单，三角点基础应具有足够的强度。

（4）桥轴线应为三角网的一条边，并与基线的一端相连，以确保桥轴线的精度。

（5）桥梁三角网的边长与跨越障碍物的宽度有关，如跨河桥梁则与河宽有关，一般在 0.5 ～ 1.5 倍障碍物宽度范围内变动；由于桥梁三角网边长一般较短，故三边网的精度不及三角网和边角网的精度；测角网能控制横向误差，测边网能控制纵向误差，故把两者的优点结合起来，布设成带有基线的边角网为最好。

（6）为了校核起见，应至少布设两条基线，基线长度应为桥轴线长度的 0.7 ～ 0.8 倍。

布设桥梁三角网较为简单，是在桥轴线两侧各布设一个大地四边形，适用于大桥的施工放样。考虑近岸处桥墩的交汇，增设 1、2、3、4 各插点。

（二）桥梁三角网必要精度的确定

根据桥轴线的不同精度要求，控制网的测角和测边精度也有所差异。

丈量及测量角度技术要求，视三角网等级而定，见表 5-3～表 5-5。

表 5-3　水平角方向观测法的技术要求

等级	仪器型号	光学测微器两次重合读数之差 / "	半测回归零差 / "	测回中 2 倍照准差较差 / "	同一方向值各测回较差 / "
四级及以上	DJ1	1	6	9	6
	DJ2	3	8	13	9
一级及以下	DJ2	–	12	18	12
	DJ6	–	18		24

注：当观测方向的垂直角超过 ±3° 的范围时，该方向一测回中 2 倍照准差较差，可按同一观测时段内相邻测回同方向进行比较。

表 5-4　测距的主要技术要求

平面控制网等级	测距仪精度等级	观测次数 往	观测次数 返	总测回数	一测回读数较差 / mm	单程各测回较差 / mm	往返较差
二、三级	I	1	1	6	≤ 5	≤ 7	
	II			8	≤ 10	≤ 15	
四级	I	1	1	4～6	≤ 5	≤ 7	
	II			4～8	≤ 10	15	2（a+bD）
一级	II	1		2	≤ 10	≤ 15	
	III			4	≤ 20	≤ 30	
二级	II	1		1～2	≤ 10	≤ 15	
	III			2	≤ 20	≤ 30	

注：1. 测回指照准目标 1 次，读数 2～4 次的过程。

2. 根据具体情况，测边可采取不同时间段观测代替往返观测。

3. a——标称精度中的固定误差（mm）；b——标称精度中的比例误差系数（mm/km）；D——测距长度（km）。

表 5-5　测量精度等级

测距仪精度等级	每公里测距中误差 mp/mm	
I	mp ≤ 5	mp=±($a+bD$)
II	5<mp ≤ 10	
II	10<mp ≤ 20	

三角网的基线以前通常用瓦线尺丈量，现在多用高精度的光电测距仪或电子全站仪测量。

桥梁三角网一般可测两条基线，其他边长则根据基线及角度推算。在平差时只改正角度，不改正基线，即认为基线误差与角度误差相比较可忽略不计。为保证桥轴线有可靠的精度，基线精度应比桥轴线的高出 2 ～ 3 倍。而边角网的情况则不同，它不是只测两条基线，而是测量所有边长，故平差时不仅要改正角度，还要改正边长。

外业工作结束以后，应对观测的成果进行验算，基线的相对中误差应满足相应等级控制网的要求，角度误差可按三角形闭合差计算。按照平面控制网等级，三角形闭合差的限差见表 5-6。

表 5-6　三角测量中误差

平面控制网等级	平均边长/km	测角中误差/ "	起始边边长相对中误差	最弱边边长相对中误差	测回数			三角形最大闭合差/ "
					DJ1	DJ2	DJ6	
二级	3.0	±1.0	≤ 1/250 000	≤ 1/120 000	12			±3.5
三级	2.0	±1.8	≤ 1/150 000	≤ 1/70 000	6	9		±7.0
四级	1.0	±2.5	≤ 1/100 000	≤ 1/40 000	4	6	—	±9.0
一级小三角	0.5	±5.0	≤ 1/40 000	≤ 1/20 000	—	3	4	±15.0
二级小三角	0.3	±10.0	≤ 1/20 000	≤ 1/10 000	—	1	3	±30.0

对外业成果进行计算，得到相应的结果，然后计算内业平差极坐标。利用独立网对桥梁进行控制，所以需要独立网有着高精度的位置信息，可以同城市网进行联测，不过不要求附合城市网，二者只是一种合作关系，能够相互协作取得坐标，对桥梁控制网要当作独立网来处理其本身的平差，可以利用条件观测或间接观测来处理。

四、桥梁施工的高程测量

桥梁施工过程中，平面控制和高程控制都是必须建立的。可以在河流两岸设置相应的水准基点，这些水准基点有利于在施工时进行基层放样或在桥梁运营时进行沉陷观测。对水准基点的设置，一定要考虑到高程控制的精度，也要把点的密度计算在内。通过国家水准点来引入桥梁布设的水准基点，然后经过复测后可以投入使用。

在水准基点的基础上多设立一些施工水准点，能促进施工的便利性。施工中的水准基点起到的作用是符合施工需求和变形观测的需求。水准点在施工中能够对施工地点进行指引。所以这两种观测点都要设置在不容易破坏的地方，使用起来也会更为便捷。结合水准基点、水准点的使用期限和使用精度，根据设置地的地形条件，可以将混凝土标石、钢管标石、管柱标石、钻孔标石等埋设作为水准基点或水准点。

桥梁的施工水准网需要以较高的精度实测，因为它直接影响桥梁各部位高程放样的相对精度。规范要求 3 000m 以上的特大桥梁一般为二等，1 000 ～ 3 000m 的大桥梁为三等，1 000m 以下的桥梁为四等。

跨河水准测量路线，应选在桥址附近且河面最窄处。为了避免折射光影响，水准视线不宜跨过沙滩及施工区密集的地方。观测时间及气候条件应选在物镜成像最稳定的时刻。为了提高精度，跨河桥梁的水面宽超过 300m 时，应采用双线过河，且应组成闭合环。

水准测量的等级及精度要求见表 5-7。

高差偶然中误差 M_Δ 按下式计算：

$$M_\Delta = \pm\sqrt{\frac{1}{4n}\left[\frac{\Delta\Delta}{L}\right]}$$

式中：Δ——测段往返测高差不符值（mm）；

　　　n——往返测的水准路线测段数；

　　　L——水准测段长度（km）。

其他水准测量精度要求，可参考桥涵施工规范中的有关条款。

水准仪及水准尺一般是根据水准测量等级来选定的，见表 5-7。

有了平面及高程控制，就可以进行墩台定位及各种细部放样。

表 5-7　水准测量技术要求

等级	每公里高差中数中误差 / mm		水准仪的型号	水准尺	观测次数		往返较差、附合或环线闭合差 / mm
	偶然中误差	全中误差			与已知点联测	附合或环线	
二级	±1	±2	DS1	因瓦	往返各一次	往返各一次	±4/L
三级	±3	±6	DS1	因瓦	往返各一次	往一次	±12/L
			DS3	双面		往返各一次	
四级	±5	±10	DS3	双面	往返各一次	往一次	±20/L
五级	±8	±16	DS3	单面	往返各一次	往一次	±30/L

注：L 为往返测段、附合或环线的水准路线长度（km）。

五、桥梁墩台定位与轴线测量

对桥梁施工进行测量，将桥梁墩台中心位置和纵横轴线精准地拟定出来，这是最重要的工作，也被称为墩台定位。对直线桥梁进行墩台定位，可以结合资料中桥轴线控制桩里程和墩台中心设计里程来测算二者之间的距离，根据距离就能获得墩台中心位置。对曲线桥梁进行墩台定位，不仅需要控制桩里程、墩台中心里程，还需要结合桥梁的偏角、偏距、墩台曲线等要素，利用这些要素就能获得墩台中心坐标值。

对水中桥墩基础进行定位，由于桥墩在水中，所以存在不稳定性，不能很好地利用测量仪器直接稳定测出坐标值，为此，需要利用方向交会法来测定。而桥墩处于干枯或浅水的河床时，对其定位就可以使用直接定位法。如果桥墩基础已经固定，使用的测定方法可以是方向交会法或距离交会法，也可以用极坐标法或直角坐标法，这些测定方法都能很好地对桥墩中心位置的坐标进行测量。

（一）直线桥梁的墩台定位

直线桥梁的墩台，其中心在桥轴线方向上，可以结合桥轴线控制桩里程和墩台中心里程计算二者之间的距离，最后计算出墩台位置坐标。在对直线桥梁墩台定位时，可以利用直线丈量法、光电测距法、方向交会法等进行测量。

1. 直接丈量法

如果桥梁的墩台位置有良好的通视性，而且地势比较平坦，能够直接过去进行测量，就能够采取直接丈量法。在进行丈量前，需要检测丈量所用的钢尺，还应明确桥轴线和测量使用的具体方式。如果对已知长度进行测定，需要考虑尺长改正数、温度改正数、倾斜改正数，并把已知长度转换成钢尺的丈量长度。

在测量前，对钢尺的拉力进行检测，确保在检测时和实际测定时二者是相同的。

2. 光电测距法

使用光电测距法需要在墩台中心安装反光镜，通过反光镜可以和经纬仪形成通视。光电测距法是非常便捷的，而且获得测定数值也比较迅速。正式测量时，需要对当时的气压、温度、距离等进行测量，然后计算出斜距。利用垂直角将斜距转化为平距，将计算出的平距和设计的平距进行对比，看二者的数值是不是相等。如果存在差值，将反光镜进行移动，一直移动到两个数值相等为止，则此时反光镜所处的位置就是要测定的墩台中心位置。

3. 方向交会法

如图 5-2 所示，AB 为桥轴线，C、D 为桥梁平面控制网中的控制点，P 为第 i 个桥墩设计的中心位置（待测设的点）。A、C、D 三点上各安置一台经纬仪，A 点上的经纬仪瞄准 B 点，定出桥轴线方向；C、D 两点上的经纬仪均先瞄准 A 点，并分别测设根据 P；点的设计坐标和控制点坐标计算的 α、β 角，以正倒镜分中法定出交会方向线。

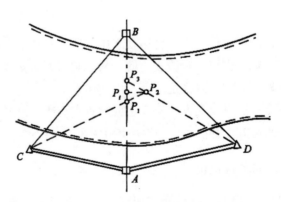

图 5-2 三方向交会法的误差三角形

理论上从 C、A、D 指示的三条方向线是交于一点的，该交点就是要测设的桥墩中心位置。但实际上由于测量误差的存在，三条方向线一般不是交于一点，而是构成误差三角形 $P_1P_2P_3$。如果误差三角形在桥轴线上的边长（P_1P_3）在容许范围之内（对于墩底放样为 2.5cm，对于墩顶放样为 1.5cm），则取 C、D 两点指示的方向线的交点（P_2）在桥轴线上的投影（P_i）作为桥墩放样的中心位置。

在桥墩施工中，随着桥墩的逐渐筑高，中心的放样工作需要重复进行，且要求迅速和准确。为此，在第一次求得正确的桥墩中心位置 P 以后，将 CP 和 DP 方向线延长到对岸，设立固定的瞄准标 C' 和 D'，如图 5-3 所示。以后每次作方向交会放样时，从 C、D 点直接瞄准 C'、D' 点，即可恢复点的交会方向。

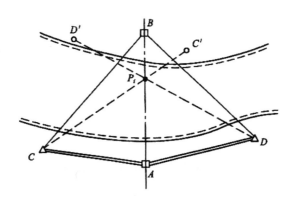

图 5-3　方向交会法的固定瞄准标志

4. 极坐标及直角坐标法

利用经纬仪和测距仪对桥墩中心位置进行测定时，先在测定点放置棱镜，就可以使用坐标法对桥墩中心位置进行测定了。坐标法的测定方式非常简便，得出的数值也比较精准。

使用极坐标法能够把仪器放在任何控制点上，结合放样数据、角度、距离对点位进行测定。

使用全站仪测算，需要结合测定点、后视点、代放点的直角坐标，对代放点和测定点极坐标的数据进行计算，最后对设点位进行测定。

但若是测设桥墩中心位置，最好是将仪器安置于桥轴线点 A 或点 B 上，瞄准另一轴线点作为定向，然后将棱镜安置在该方向上测设 AP 或 BP 的距离，即可定出桥墩中心位置 P 点。

（二）曲线桥的墩台定位

在实际的设计和施工中，桥梁会处于不同平面曲线上，所以将桥梁设计成曲线桥更为复杂。曲线桥的上部结构会设计成连续弯梁、简支直梁的形式，而下部结构则利用墩台中心形成直线交点，最后构成曲线桥。

通常设计曲线桥的线路可采用圆曲线和缓和曲线进行设计，因为这两种曲线能通过固定计算公式来计算。

设计师已经将墩台定位的数据进行预算，经过复核准确后可在数据相应的位置放样定位。施工中不仅需要这些准备，还要结合测定资料等，进行放样测定，得到中心交点的直线，根据偏角对其定位。

计算坐标值，可使用直角坐标系，这样非常方便快捷。利用墩台中心线、法线等作为坐标系的轴，然后在坐标系中设置待放点的坐标值，根据墩台中心线路坐标值将待放点坐标值转换成线路坐标。

测定墩台定位时，结合实际条件可以利用偏角法、长弦偏角法、坐标教会法等来测定。曲线桥的放样是结合所测定的相关数据来计算放样数据的。

(三) 墩台纵横轴线的测设

测定墩台中心定位后，也应对墩台纵横轴线进行测定，这些都可以为墩台细部放样提供参考。

直线桥的纵轴线是和墩台横轴线相重合的，此时能够通过桥轴线两端控制桩对墩台横轴线的方向进行标识，标志桩就不用再进行测定了。

对桥墩台纵轴线的测定，需要在墩台中心处安放经纬仪，并以桥轴线方向后视，旋转 90°（或 270°），以平均位置作为纵轴线的方向。在进行施工时，需要对墩台纵横轴线的位置进行恢复，所以桥轴线两侧要布设护桩，每侧各布设 2 个。

如果桥墩位于水中，不能架设仪器和钉设护桩，轴线也无法测设，此时需要等设置的围堰、沉井等从水面露出后，在这些措施上钉设护桩，就能对墩台的中心和纵横轴线进行测定了。

等跨曲线桥的墩台纵轴线处于曲线桥梁的中心线顶点分角线上，横轴线和纵轴线彼此垂直。把仪器放置在墩台中心位置，向相邻墩中心方向后视，所测定的 $\alpha/2$ 角可得纵轴线方向，横轴线方向则是纵轴线方向转 90°。也可以在墩台中心放置全站仪，并在仪器中输入中心坐标、后视点坐标、放样点中心曲线切线方向的任意坐标，就可以计算出纵横轴线的方向。要在纵轴线和横轴线方向设置护桩，每个轴线都要测设 4 个。

测设完墩台定位和纵横轴线，就完成了细部放样的准备工作。

六、桥梁细部施工放样

对桥梁开展细部施工放样，需要根据桥梁结构样式选择适宜的放样方法。桥梁墩台细部的放样和架桥测量工作都是桥梁细部施工放样中的重点内容。

（一）明挖基础的施工放样

对基础进行施工时，如果地基的基础并不深，而且基础也比较好，此时就应该采用明挖基础的施工方式。

对基础进行开挖之前，要明确地面开挖边线，需要结合基底尺寸和开挖深度等进行计算，再测算墩台中心和纵横轴线，最后就可确认基坑边线。在开挖基坑后，当挖到设计高程时，需要处理基底，使基底保持平整，然后将墩台中心和纵横轴线放出，以保证模板的安装，从而更好地完成对基础和墩身的混凝土灌注。

但开挖的过程中应注意根据实际情况来挖基坑底部，确保其尺寸比设计尺寸有更多的富余量，可以每边增加 50～100cm，这可以有更多的空间用来进行支撑、排水、立模板等工作。

承台模板中心和墩台中心不得偏离太多，应低于 20mm，墩身模板中心的偏离也要低于 10mm，墩台模板的限差要低于 20mm，高程限差低于 10mm 等。

（二）桩基础的施工放样

测定墩基础中心和纵横轴线后，将纵横轴线作为坐标轴，进而结合桩、墩中心之间相对位置，使用支距法来获得桩中心位置，然后经过复核就可开展对桩基础的施工。如果桩基础为单排桩，其数量比较少，就可以利用极坐标对桩基础放样。如果桩位在水中，在进行放样时要结合水中墩位施工放样的方式，先在水中架设平台、围堰等，对水中桩位进行测定，复合后就可开展施工作业。

（三）桥梁墩台的细部放样

桥梁墩身、台身细部放样要结合纵横轴线，先在立模板外面将中心线画出，将经纬仪架设在纵横轴线的护桩上，对另一护桩进行照准，从而校正立模板位置，使立模板的中心线和视线方向重合。

施工时，可以使用护桩对墩台纵横轴线进行恢复，把经纬仪架设在墩台一侧护桩上，使其对另一侧护桩进行照准。对墩身进行施工，使其高度不断提升，对视线形成阻挡就不能继续进行了。墩身没有对视线造成阻挡前，用油漆从轴线方向对墩身进行标记，恢复轴线时，可将仪器架设在护桩上，对准标记进行照准就可以了。

在水中对桥墩施工，不能对其纵横轴线进行标示，想要恢复墩中心位置，就可以利用光电测距仪，也可以使用交会法。光电测距仪能够使用桥轴线控制桩来明确墩横轴线方向，即将仪器安放在桥轴线一端控制桩上，对另一端控制桩进行照准，视线方向同桥轴线、墩横轴线的方向重合。根据这个方向在墩中心前后找出安放反光镜的两点，并对其与控制桩的距离进行测算，然后在两点间测定墩中心的位置。

对墩中心使用交会法进行测定时，需要选择多个方向交会，至少为 3 个。可以取三角进行交会，形成误差三角形，其在墩下部应在 25mm 以内，在墩上部要在 15mm 以内。

安装完墩台帽模板后，先进行复测，使墩台帽模板的安装同设计相符。尽量保持模板位置中心的准确性，如果有偏差，也要在 10mm 内。把墩台顶高程标在木板上，可以对混凝土高程起到合理控制的作用。灌注混凝土到墩台帽顶部，应对墩纵横轴线和中心位置埋设中心标志，在纵轴线两侧上下游位置设置两个水准点，然后对中心标志坐标和水准点高程进行测定，从而得出放置支座垫石的位置和高程。明确了支座垫石的位置和高程，对桥梁荷载的设计具有重要作用。需要多次进行测定，确保其数值的准确性。

利用墩台身或围堰的临时水准点来控制墩台高程，能够使用钢尺从临时水准点进行测量，从而判断高程；或者利用水准仪来测定墩台设置的临时水准点，也能获得墩台各部分的高程。当墩台顶施工阶段时，可以直接使用水准仪来测定高程。

（四）梁体施工时的测量工作

在桥梁主体施工过程中，梁体的施工是非常重要的部分。因为梁体有着复杂的结构，在施工前必须精确地测算出墩台的方向距离、高程等，这样才能更好地完成对梁体的施工。每个桥梁都采用不同的结构，所以开展施工时需要根据实际的施工需求来选择合适的测量方法。

对墩台施工，要测量墩台中心点位、中线方向、垂直方向，还要对其高程进行测定。需要对每个墩台进行单独测算。相邻墩台之间需要联系在一起，在施工中所测定的各种数据都要保持精度的准确性，确保各个墩台中心点之间的方向、距离、高差等都和设计时的数据保持一致。

对直线部分的桥梁中心线方向进行测定时，可以利用准直法，通过经纬仪观测，对桥梁中心线方向进行刻画。当桥梁有较大跨距时，要在每个桥墩上对左、右角进行观测。对曲线部分的桥梁中心线进行测定时，可以利用偏角法或坐标法，采用光电测距仪对邻近的墩台中心点距离进行测算，然后刻画出大体的方向，通过调整使中心点的里程符合设计方案的要求。将经纬仪架设在中心点处，使其里程线和方向线正交，形成墩台十字中心线，就能得出支座板的中心线。

使用精密水准仪来测定墩台顶面高程时，使形成的水准路线与两岸基本水准点相符合。

对梁体的施工测量工作包括以下内容。

（1）拼装大跨度钢桁架或使用悬臂或半悬臂安装的连续梁，需要在梁顶部和底部中心处做出标记，可以对梁体中心线和桥梁中心线的偏差值进行测算。只有不断进行测量，才能确保在正确的位置安放梁体。对梁体的高程控制，需要控制大节点挠度和整跨拱度，如果桥梁要在跨中完成合龙，需要对两端悬臂相对的位置进行控制。

（2）测定预制安装的箱梁、板梁、T梁等，需要在平面位置完成相应的控制工作。对桥梁架设前，要对桥梁的顶部和底部重点设定标记，该标记能够对梁体、支座的中心线偏差值进行测定。

把梁体安放到相应的位置上，还需要进行相应的微调，从而使梁体安放在设计的平面位置。

（3）当梁体结构支架是现浇时，在进行测量时，要做好对高程的控制。先测量支架预压前后的高程，并且连续多次测量，可以对梁体结构的弹性变形进行测定，避免出现塑性变形。还要结合原有的设计数据使梁体施工时有相应的预拱度。现浇梁体还要测量支架的变形情况，一旦存在变形过大的问题，应该停止梁体现浇施工，要采取合理的解决措施，使梁体过大变形的问题得到有效解决。

（4）对梁体结构采用悬臂施工，要控制高程，以便进行更好的测量。需要测量挂篮预加荷载前后的高程，对量体结构的弹性变形进行测定，避免出现塑性变形。浇筑不同梁体节段，需要结合施工设计图中节段预拱度的值和前一节浇筑的阶段高程值对节段的实际预拱度进行调整，确保两端的悬臂相对位置可以在合龙时符合施工的需求。

第三节　桥梁墩台施工

在桥梁工程施工的过程中，要重视桥梁墩台的施工，因为墩台施工质量，极大地影响着桥梁上部结构的施工质量，而且也关系到未来桥梁施工的功能和效果。桥梁墩台施工可以直接在现场进行浇筑和砌筑，也可以先利用混凝土砌块、钢筋混凝土等制成能拼装的预制构件。很多工程采用直接在现场浇筑和砌筑的施工方法，因为这样的施工方式不需要使用太多的机具，施工技术难度降低，工序也非常简便，只是需要较多的人力和物力，工期也相对较长。随着交通建设的快速发展，建设中使用的各种机械设备也得到了进步，在桥梁墩台的施工中多使用预制装配构件，这不仅能够让施工质量得到提高，而且还能使劳动强度得到降低，在一定程度上加快了工程的施工效率。很多干旱地区、缺少砂石的地区、施工场地狭窄的地区都选择这种施工方式。

一、混凝土墩台、石砌墩台施工

（一）混凝土墩台施工

混凝土墩台采用就地浇筑的施工方式，需要先制作墩台模板机芯，然后进行安装，完成混凝土的现场浇筑。

1. 墩台模板

墩台模板制作的材料包括木材、钢料和设计所需的其他材料等。墩台模板使用木板制成木模板，其质量比较轻，能够根据尺寸和形状制成所需的结构物，但也因为容易出现破损而使用次数较少，大量混凝土结构物中较少使用木质模板，更多用钢模板。和木模板相比，钢模板则需要更多的造价，而且模板使用次数较多，拼装和拆卸都比较便利。墩台施工中使用的模板主要有拼装式模板、整体吊装模板、组合型钢模板和滑动钢模板。根据交通运输部对公路钢结构桥梁设计的相关规范来设计模板。在安装模板前，需要检查安装构件的尺寸，保证安装后的模板结实耐用，这样才能在对混凝土进行振捣时不会出现漏浆的情况。将模板安装在适宜的位置，可根据设计图纸进行安装。

2. 混凝土浇筑施工要点

对墩台混凝土浇筑施工，需要清理基础的顶部，保持上面的洁净，将出现的浮浆清理掉，使连接钢筋得到修正。混凝土浇筑，需要对模板、保护层等进行检查，确保模板、预埋件等处于合理位置，避免因出现形变而影响施工。还要对混凝土配合比、水灰比等进行明确，使其符合施工设计的需求。

（1）混凝土的运输。

墩台混凝土的水平与垂直运输相互配合选用，如混凝土数量大、浇筑速度快时，可采用混凝土皮带运输机或混凝土输送泵。运输带速度应不大于 $1.0 \sim 1.2$ m/s，其最大倾斜角：当混凝土坍落度小于 40mm 时，向上传送为 $18°$，向下传送为 $12°$；当坍落度为 $40 \sim 80$mm 时，则向上和向下传送分别为 $15°$ 与 $10°$。

（2）混凝土的灌筑速度。

为保证灌筑质量，混凝土的配制、输送及灌筑的速度满足下式：

$$v \geqslant \frac{Sh}{t}$$

式中：v——混凝土配料、输送及灌筑的容许最小速度（m^3/h）；

S——灌筑的面积（m^2）；

H——灌筑层的厚度（m）；

T——所用水泥的初凝时间（h）。

（3）混凝土浇筑。

混凝土浇筑时，需要根据需求处理墩台的基底。此外也应符合以下这些规定。

首先，如果基底是干土或者非黏性土，需要洒水使其变得湿润。其次，如果基底是过于湿润的土时，需要在基底下方添加片石或碎石，厚度在 $100 \sim 150$mm 即可。最后，如果基底面是岩石，需要在基底面洒水湿润，然后铺上水泥砂浆，厚度在 $20 \sim 30$mm，当水泥砂浆结束前，将混凝土浇筑在其上。

在浇筑混凝土的过程中，要同时绑扎墩台身的钢筋，第一层垂直钢筋的长度不同，同一个断面的钢筋接头也要同实际的施工标准相符，而水平的钢筋接头也要错落有致，内外和上下不能混在一起。设计的钢筋保护层，其净厚度要和标准相同。如果在设计时没有对钢筋保护层提出要求，墩台身受力钢筋的保护层厚度要在 30mm 以上，而承台基础受力钢筋也要将净保护层厚度制定成 35mm 以上。墩台身混凝土要一次性连续浇筑完成，并将其接缝处理好，当墩台身混凝土没有完全凝固时，就不能将其泡在水中。

（二）石砌墩台施工

石砌墩台的施工，可以直接就地取材，使用的原料多为当地比较丰富的石料。如果施工条件允许，要对石砌墩台进行优化，不仅节约水泥，还能更加结实耐用。

1. 石料、砂浆与脚手架

利用片石、块石、水泥砂浆等砌成石砌墩台，要根据设计规定的标准来选择所需的石料和砂浆。

在砌石砌墩台时，需要利用起吊设备把石料吊运到适当的位置，然后再按照工序顺序完成砌筑作业。不过吊运石料的工序相对困难，如果放置的位置离地面较低，且重力比较小，就可以直接使用马凳跳板运送，如果距离较高，而且受到的较大的重力，就需要利用大型起吊机械，如入井式吊机、桅杆式吊机等，先把材料吊运到墩台，然后再运到安砌点。

在施工中也会用到脚手架，多使用简易活动脚手架、固定式轻型脚手架、悬吊式脚手架。其中，在超过 6m 高度的墩台施工时会使用固定式轻型脚手架，而简易活动脚手架通常使用在低于 25m 的墩台施工中，而更高的墩台施工则需要利用悬吊式脚手架。

2. 墩台砌筑施工要点

在正式的墩台砌筑前，要根据墩台设计图进行放样。砌第一层砌块时，基底如果是土质的，就需要将砂浆铺在砌块的侧面，不需要坐浆；如果基底是石质的，先将基底进行清洗，使其变得干净，然后进行砂浆坐浆，铺筑在基底上。如果是对斜面墩台的砌筑，需要利用砂浆填补砌缝，并且砂浆要饱满。如果工程施工的形状非常复杂，应先根据实际施工情况来绘制设计图，明确各配料的数量和尺寸等。而工程施工的形状相对简单时，需要结合砌体的高度、尺寸等进行放样，然后利用已经调配好的材料进行墩台的砌筑。

（三）墩台顶帽施工

桥跨结构可以采用墩台顶帽进行支撑，所以要根据设计要求来设定墩台顶帽的位置、高程等，这样能够让安装桥跨结构更加轻松便捷，也能避免顶帽、垫石出现开裂等情况，只有根据标准进行砌筑，才能保证墩台顶帽的牢固，使墩台能够正常投入使用。对墩台顶帽进行施工，其工序主要包括以下几方面。

首先，对墩台顶帽进行放样。其次，注重对墩台帽模板和墩台帽的砌筑，严格把控二者的尺寸、高程，能够对桥梁上部结构起到支撑作用。混凝土的浇筑，要从墩台帽之下 300 ～ 500mm 的地方直接开始浇筑，然后一直浇筑到墩台帽的顶面，这样才能让墩台帽更加密实。将墩台帽下面的分布钢筋作为墩台帽模板的拉杆，能够节省成本。要注意墩台帽被抢模板的纵向支撑，而且拉条也要有足够的刚度，这样才能防止在混凝土浇筑过程中因为出现鼓肚的情况造成对梁端空隙的侵入。

二、装配式墩台施工

在山谷、平缓河沟或没有漂浮物的河滩上架设桥梁时，需要建筑装配式墩台，尤其是一些缺少水和砂石的地区，施工场地存在较多的干扰，而且场地比较狭小，使用这种墩台最为合适。装配式墩台在建桥过程中起到了非常重要的作用，不仅有着轻便的结构，还能够保证预制构件的质量，提升建桥速度。经常使用的装配式墩台的样式主要包括以下几种。

（一）砌块式墩台施工

砌块式墩台的施工大体上与石砌墩台相同，只是预制砌块的形式因墩台形状不同而有很多变化。例如，1975 年建成的浙江兰溪大桥，主桥墩身系采用预制的素混凝土壳块分层砌筑而成。壳块按平面形状分为 I 形和 II 形两大类，再按砌筑位置和具体尺寸分为 5 种型号，每种块件等高，均为 350mm，块件单元重力为 900 ～ 1 200N，每砌三层为一段落。该桥采用预制砌块建造桥墩，不但节约混凝土数量约 26%，节省木材和大量铁件，而且砌缝整齐，外貌美观，更主要的是加快了施工速度，避免了洪水对施工的威胁。

（二）柱式墩台施工

装配式柱式墩台一般在工厂中预制，可以分成多个部件，当所有部件制成后，就统一运输到施工现场，然后将这些部件安装成柱式墩台。比较常见的柱式墩台有双柱式墩台、排架式墩台、板凳式墩台、刚架式墩台等。对柱式墩台进行施工，能对分解成的多个构件进行预制，然后将这些构件运输到现场安装连接，最后用混凝土将墩台填缝并开展养护工作。各个部件的拼装是柱式墩施工的最重要的工序，需要确保拼装接头处结实耐用，让墩台更加稳固牢靠。拼装接头的常见使用方法有承插式、钢筋锚固式、焊接式、扣环式、法兰盘式等。

（三）装配式预应力混凝土装配墩台施工

装配式预应力混凝土墩台的施工，先铺垫基础，然后对实体墩身进行预制，最后将墩身装配起来。装配墩身的构件包括基本构建、隔板、顶板、顶帽等，通过构件上预先留下的孔道，将高强度的钢丝从孔道穿过，从而上下连接成了稳固的装配墩身。实体墩身连接着基础和装配墩身，可以对装配墩身的高度起到调节作用，而且自身具有锚固作用，能够起到对冲击力的抵御作用。

（四）无承台大直径钻孔埋入空心桩墩台施工

无承台大直径钻孔埋入空心桩墩台的施工工序主要是预先钻孔，然后对大直径钢筋混凝土桩的各个墩台节进行预制，然后将所有墩台节吊运到装配地点，将所有墩台节连成整体，然后在空心桩周围填石压浆，再桩底利用高压压浆对墩台节进行拼装、浇筑，完成对盖梁的组装等。采用无承台大直径钻孔埋入空心桩的墩台施工方法，因为使用了预制桩，所以施工质量非常可靠，而且通过钻孔埋桩的方式也使施工成本有效降低，施工手段简单、方便，有很强的适应性。和管柱桩的施工相比，设备简单，成本低，容易穿透砂砾层；和钻孔灌注桩的施工相比，能够保持桩身的质量。

三、高桥墩施工

如果公路或铁路的通行路线位于比较深的峡谷、大型水库等地段，为了让交通路线得以通行，必须在这些地段架设高桥墩，不仅让通行路线大大缩短，而且也能将造价成本降低，还可以使运用效益得到大幅度提高。比较常用的高桥墩主要是实体墩、空心墩、钢架薄壁墩等类型。

高桥墩和普通桥墩的施工设备基本相同，不过所搭建的模板却有很大的差异性，高桥墩的模板一般包括翻升模板、爬升模板、滑动模板等。对高桥墩模板的设置，需要根据混凝土墩壁来架设，并沿着高桥墩的墩身高度不断向上提升。使用滑动模板对高桥墩施工，能够提升施工的进度，通常每昼夜的进度都在 5～6m。而且这种模板的使用能够保证混凝土的质量，对墩台质量也有一定的提升。施工过程中，对于材料、劳动力等更加节约。无论是直坡墩身还是斜坡墩身，都可以使用滑动模板，因为模板自身附带吊篮、平台、拉杆，在向上缓慢滑行过程中，逐渐完成对墩身混凝土的浇筑。

四、V形桥墩施工

V 形、Y 形及 X 形桥墩具有结构新颖轻巧、外形美观匀称等优点，能与桥址所处水环境相映衬，给人们增添美的享受，在城郊与旅游区日渐增多。这类桥墩的施工方法与桥梁结构体系有密切关系。

V 形桥墩类的桥梁属刚架桥系统，其施工方法除具有连续桥梁的施工特点外，还有着本身结构的施工特点。通常对这类桥梁可分为 V 形墩结构、锚跨结构和挂孔部分三个施工阶段。其中，V 形桥墩结构是全桥的施工重点。V 形桥墩结构的施工方法是由两个斜腿和其顶部主梁组成倒三角形结构的。V 形桥墩可做成劲性预应力混凝土结构。

第四节　拱桥施工

拱桥施工需要根据拱桥的结构和形式开展。施工的方法包括支架施工、少支架施工、无支架施工三种。无支架施工又分为转体施工、劲性骨架、悬臂浇筑和安装等，在设计施工中，可以将这些施工方法进行组合，能使施工效率得到提高。

一、拱桥的有支架就地浇筑、砌筑施工

（一）拱架

根据搭建拱架的材料不同，可以将拱架分成木拱架、钢拱架、钢木组合拱架、竹拱架、土牛胎拱架等。而且拱架的结构形式也多种多样，如桁架式拱架、组合式拱架、立柱式拱架等。

拱桥的架设需要有拱架的支撑，能够对拱圈和拱上建筑的重力起到分担的作用。搭设拱架，还能确保依照设计来保持拱圈的形状。在搭设拱架时，必须确保拱架的韧性和强度，使拱架的稳定性足够支撑拱桥的搭建。

1. 满布立柱式拱架

满布立柱式拱架的制作材料为木材，分上下两部分，上部分也叫拱盔，是一个拱形的桁架，由立柱、斜梁、斜撑、拉杆组成；下部分则是立柱和横向联系构成的支架，在上部分和下部分中间有由木楔和砂筒组成的卸架设备。满布立柱式

拱架中设置了众多的立柱，一般在通行需求不多的拱桥下使用，而且要求桥梁高度和跨度都不大。

2. 撑架式拱架

撑架式拱架也分为上下两部分，上部分的构造包括立柱、斜梁、斜撑、拉杆，而下部分则是框架式支架和斜撑的组合。撑架式拱架和满布立柱式拱架相比，对木材的使用要少得多。

撑架式拱架的架构相对简单，在搭建时也会留出一定的空间，使通行需求得到了满足，同时也不会害怕漂浮物等对拱架结构的冲击。因此，在实际的桥梁建设中，经常会运用到撑架式拱架。

3. 三铰桁式木拱架

三铰桁式木拱架包含了两个对称的弓形桁架，把这两个桁架在拱顶处拼在一起，拱架的两侧能够直接在墩台的牛腿或临时排架上支撑，并且在跨中不会继续设置支架。因为中间没有支架，因此架设了三铰桁式木拱架不会对通行造成影响，也不会害怕洪水、漂浮物的冲击，当桥梁建设在水流湍急、水深较深的河流上时，就会使用三铰桁式木拱架。三铰桁式木拱架对木材的消耗较少，但要求较高的制作水平，而且木材的质量也要符合制作要求，可以反复利用。但拱铰处的连接比较薄弱，需要添加纵横向的联系，以保持结构的稳定性，还要安装抗风缆索。施工过程中，浇筑混凝土要以对称的方式进行，避免受力不均而产生不良影响。

4. 钢拱架

钢拱架采用单片拱形的桁架，相邻拱片保持0.4m或1.9m的距离，将单片弓形桁架相互拼接，可以组成三铰、两铰或无铰的拱架。如果施工跨径在80m以下，就可以采用三铰拱架；如果施工跨径低于100m，可采用两铰拱架，如果施工跨径超过了100m，就要用到无铰拱架。

一般在跨径比较大的拱桥施工时会使用钢拱架，因为钢拱架的重力比较大，且拼装式需要分成多个阶段，利用临时墩台和起吊设备将其运送到指定位置后重新拼装。施工时，把临时墩台和钢拱架之间的连接拆除，施工结束后，通过临时墩台将钢拱架拆卸成多个阶段，再运输出去。

（二）主拱圈的施工

1. 拱圈的砌筑施工

上承式拱桥的施工可以采取支架砌筑的方法，也可以用就地浇筑的方法，但总体上需要三个阶段，首先要对拱圈或拱肋混凝土进行施工，然后是对拱上建筑的搭建，最后是对桥面系的建设。

石拱桥、混凝土预制块拱桥在施工时多采用拱架砌筑。其中石拱桥使用的材料有不同的规格，因此石拱桥也被划分成粗料石拱桥、块石拱桥、浆砌片石拱桥。

（1）拱圈放样与备料。

对粗料石拱圈施工时，需要根据拱圈设计时的尺寸来加工拱石。当根据 1∶1 的比例对石头进行放样，就能确保拱石尺寸的准确性，而且合理安排拱石，能够使放样更加可靠。在样台上将模板、锌铁皮根据大小制作成相应的样板，然后对每个样板编号，便于加工成合理的样品。

拱石的划分与贯穿拱圈所有宽度的拱石砌缝有关，其同拱圈中轴垂直，最后成为在拱圈中贯通的辐射缝。上层和下层拱石之间也存在砌缝，是断续的弧形缝，前侧的拱石和后侧的拱石砌成的缝隙是断续的平面缝，要求其平行于拱圈纵轴。两个拱石相邻的砌缝要交错开来，保持 100mm 以上的距离，这样才能让拱圈保持整体性，更好地完成传力。

根据施工需求和运输能力加工拱石，并确定拱石的大小。在相关设计和施工规范的指导下，来确定拱石尺寸和所要求的误差，同样要保持砂浆、混凝土等的使用比例。

（2）拱圈的砌筑。

拱圈的砌筑一般分为连续砌筑、分段砌筑、分环分段砌筑、多跨连拱的砌筑。

2. 主拱圈的就地浇筑施工

在支架上就地浇筑拱桥的施工同拱桥的砌筑施工基本相同，即浇筑主拱圈或拱肋混凝土，浇筑拱上立柱、联系梁及横梁等，浇筑桥面系。在施工时还需注意的是，后一阶段混凝土浇筑应在前一阶段混凝土强度达到设计要求后进行。拱圈或拱肋的施工拱架，可在拱圈混凝土强度达到设计强度的 85% 以上时，在拱上建筑施工前拆除，但应对拆架后的拱圈进行稳定性验算。

在浇筑主拱圈混凝土时，立柱的底座应与拱圈或拱肋同时浇筑，钢筋混凝土拱桥应预留与立柱的联系钢筋。

主拱圈混凝土的浇筑方法同砌筑施工，有连续浇筑法、分段浇筑法和分环分段浇筑法。施工方案的选定主要根据桥梁跨径来选择。

（三）拱上建筑施工

当主拱圈达到一定强度后，即可进行拱上建筑施工。拱上建筑施工应当对称均衡地进行，避免使主拱圈产生过大的不均匀变形。

实腹式拱上建筑，应从拱脚向拱顶对称地进行，当侧墙砌完后，再填筑拱腹填料。空腹式拱一般是在腹拱墩或立柱完成后，卸落主拱圈的拱架，然后，对称均衡地进行腹拱或横梁、联系梁以及桥面的施工。较大跨径拱桥的拱上建筑砌筑程序，应按照设计文件规定程序进行。

二、拱桥的无支架就地浇筑施工

如果拱桥架设在深水、深谷等处，或者在汛期时对拱肋施工时，此时的施工方法要采用无支架施工。

拱桥的就地浇筑可以用劲性骨架施工、塔梁斜拉索法和斜吊式吊洁法。

（一）劲性骨架施工法

劲性骨架成拱可分为劲性钢骨架法和钢管混凝土劲性骨架法。

1. 劲性钢骨架法

在劲性钢骨架施工时，需要先制作空间桁架，利用角钢、槽钢、工字钢等进行制作，然后设置内外立模板，并将拱桥分解成不同的节段，对每个节段浇筑混凝土，混凝土把骨架全部包裹后，就制成了拱肋。对混凝土进行浇筑之前，需要预压劲性骨架，避免在浇筑混凝土时出现骨架变形的情况，这样会导致骨架和混凝土无法结合。

为了更好地控制混凝土的应力，确保施工的质量得到控制，需要预先对骨架结构的稳定度进行分析，利用相应的设计程序对其预拱度、安全系数等进行计算，还可利用监控系统对现场施工进行监控，分析拱圈应力、拱轴线变形等，确保所有施工都处于稳定状态和安全范围中。在对混凝土进行浇筑时，可以从拱圈两侧以对称的方式开展。

2. 钢管混凝土劲性骨架法

钢管混凝土拱桥在施工时，需要先对钢骨架进行分段预制，再分段安装形成钢管拱，然后把混凝土浇筑在钢管拱上，等混凝土强度到达一定程度后，钢管混凝土劲性骨架就制成了，在骨架上悬挂模板，继续完成对拱圈混凝土的浇筑，直到拱圈截面形成为止。最初浇筑成的混凝土凝结后，能够和劲性骨架一同作为承重结构，可以为后续混凝土浇筑提供支撑作用，让钢材的用量降低，避免骨架出现更大的变形。和劲性钢骨架相比，这种方法更加优越。

钢管混凝土劲性骨架对拱圈的浇筑，需要保证拱圈结构的稳定性，这有利于保证工程施工的安全性。要对钢管混凝土劲性骨架、拱圈面浇筑等进行分析，确保在浇筑混凝土的每个阶段都能不断完善，使整个施工阶段处于高度的安全范围。

（二）塔架斜拉索法

国外最早对大跨径钢筋混凝土拱桥采取的无支架施工，就是运用的塔架斜拉索法。采用塔架斜拉索法需要将临时的钢筋混凝土塔架设置在拱脚墩台处，然后把斜拉索的两端分别连在拱圈节段和墩台后的锚碇上。拱圈节段上的悬臂设有挂篮，可以对拱圈混凝土进行逐段浇筑，浇筑的过程需要以对称的形式从两个拱脚处开始进行，并朝着跨中推进，直到完成拱顶的合龙。根据拱的跨径和矢跨比来确定塔架的高度和受力，可以采用钢丝束、钢绞线等制作斜拉索，根据拱段的长度和位置确定斜拉索的长度。

在对拱桥采用塔架斜拉索法施工时，可采用悬浇或悬拼的方式施工。浇筑完混凝土，应将液压千斤顶安放在拱顶上，并调节好千斤顶的应力，然后将拉杆放松。

（三）斜吊式悬浇法

斜吊式悬浇法通过斜吊钢筋和专门的挂篮，同时对拱圈、拱上立柱、混凝土桥面板进行浇筑，一边浇筑一边制成桥架，然后把浇筑成的部分作为拱圈节段点固定。桥面上布置相应的明索，将斜吊杆上的力传递到岸边的锚上。

首先，完成引孔，把明索安置在桥面板上，吊架对第一段拱圈进行浇筑，浇筑后的混凝土凝固到预期的强度后，继续设置明索，然后把吊架拆除，把混凝土上的明索系在斜吊杆上，斜吊杆前段安装上悬臂挂篮。

然后，利用悬臂挂篮对拱圈逐段浇筑，挂篮如果到达拱上立柱的位置，就要对拱上立柱和立柱间的桥面板进行浇筑，当浇筑到下一个立柱时，要在两个立柱间设置明索和斜吊杆，再继续浇筑桥面板。反复向前浇筑，并不断对桥面的明索进行收紧，挂篮就向前移动一步。通过不断用斜吊钢筋完成悬浇，一直浇筑到拱顶时，将挂篮撤掉，完成对拱顶混凝土的浇筑合龙为止。

如果拱圈是箱形界面，要根据箱形界面拱圈的施工方法来完成对拱圈的各节段施工。

利用活动支架来逐孔浇筑拱上桥面板，能够让浇筑的进度得到提升。在对大跨径拱桥使用斜吊式浇筑时，要避免出现施工误差，因为每个误差都会极大地影响工程的进展。严格把控施工质量，检查材料的规格、型号、强度，做好对混凝土浇筑的把控，特别是要控制好斜吊杆的拉力、斜吊钢筋的锚固、混凝土的应力等。

拱肋的混凝土浇筑，第一段可使用斜吊支架现浇，其他段则采用挂篮现浇。斜吊杆的材料可以用钢束，也可以用预应力粗钢筋。在搭设斜吊杆时，桥面板的临时拉杆将力传递到岸边的锚上，这个力就是用于斜吊的力。

三、拱桥的缆索吊装施工

最常见的无支架施工方式就是缆索吊装。装配式钢筋混凝土类拱桥使用缆索吊装施工时，其工序如下所示：

（1）在工厂的预制场完成对拱肋、拱上结构的预制。

（2）利用运输设备将已经预制好的拱肋、拱上机构运输到开展缆索吊装施工的位置。

（3）利用缆索吊装将预制好的拱肋分段吊运到指定位置后，用扣索将分段拱肋临时固定住。

（4）把合龙段拱肋吊到位置后，调整所有拱肋节段的轴线，最后完成对拱圈的合龙工作。

（5）完成对拱上建筑的施工任务。

（一）拱肋的分段预制

可以采用立式或卧式完成拱肋的分段预制，而卧式预制又有单片预制、多片叠制之分。

拱肋立式预制使用土牛拱胎作为底模，使木料的使用量减少，而且密排浇筑也会降低对场地面积的使用，起吊时更加便捷，有安全保障。

拱肋卧式预制比较容易控制拱肋的形状和尺寸，木料使用也很节约，对混凝土的浇筑施工非常便利，不过需要在起吊时由卧式转为立式，这个时候容易对拱肋造成损坏。

（二）拱肋的安装

安装拱肋需要合理地安排吊装顺序，应根据相应的安装原则完成安装。

（1）如果是单孔桥跨，对拱肋的吊装顺序取决于拱肋合龙的横向稳定方案。

（2）如果是多孔桥跨，需要在每个孔内完成两片以上的拱肋合龙，然后再继续向下推进。合龙拱肋的片数要符合桥墩强度和稳定性所允许的单向推力的要求。

（3）如果是高桥墩，要根据桥墩墩顶位移值来对单向推力进行控制。

（4）如果桥跨设置了制动墩，就可以根据制动墩划分界限，完成对每个孔的吊装施工，已经完成合龙的拱肋可以直接安装拱肋接头横系梁。

（5）如果使用缆索吊装，起吊拱肋的桥孔要最后安装，这样才能让拱肋起吊更加便利。还可以采用穿孔方法对最后几根拱肋进行吊装。在吊装时，将主索下的拱肋吊装完成后，才对主索进行移动，这样能够使主索横向移动次数降低。

（6）根据吊装的推进方向进行吊装，能够使扣索反拉次数降低。

拱肋的安装顺序主要是吊装悬挂边段拱肋、吊装悬挂次边段拱肋、总段拱肋安装合龙。边段和次边段拱肋进行吊装时，需要临时使用扣索进行加固。

（三）拱肋的合龙

拱肋的合龙主要包括单基肋合龙、悬挂多边段或次边段拱肋后单肋合龙、双基肋合龙、索单肋合龙。通常，如果拱肋的跨度超过了80m或者横向稳定安全系数低于4，此时就应该利用双基肋合龙的方式。完成第一根拱肋的合龙，将拱轴线校正，并把拱肋接缝楔紧，扣索和起重索略微松开，把接头缝压紧而不卸掉扣索，然后完成第二根拱肋的合龙，横向固定两根拱肋，将风缆拉好，此时就可以把两根拱肋上的扣索和起重索完全松开。

当拱肋合龙后，扣索和起重索松开时要注意以下方面。

首先，对拱轴线、接头高程等进行校正，使其符合施工要求的规范。采用相关检测仪器来检测接头高程，避免接头高程存在不对称形变的情况，容易造成拱肋开裂或者稳定性不足。

其次，在松索时，需要先松拱脚段扣索，然后松次段扣索，最后松起重索，并且松索要均匀、对称，长度保持相等。

再次，每一次松索都要保持较小的量，使结构高程的变化低于1cm，当扣索、起重索几乎不受力时，要在接头缝处塞钢板，使接头缝被压紧，还要对拱轴线进行调整。对拱轴线进行调整时，需要观测接头、拱顶等的高程，保证其在施工要求范围内。

最后，利用电焊把接头处的部件焊死，确保安全性和稳定性，再把扣索和起重索松开，完成拱肋的合龙。

（四）拱肋稳定措施

对拱肋的拉索吊装，需要做好相应的计算和分析，采取相应的措施，以保证拱肋在纵向和横向上的稳定性。

可以设置横向稳定风缆，也可以在拱间设横向联系装置，这些都有利于保持拱肋的横向稳定性。

设置横向稳定风缆，能够对到位的边段拱肋的拱肋中线起到调整作用，也可以对合龙拱肋的接头进行横向偏移的约束；稳定风缆也能起到弹性支承的作用，使拱肋的自有长度降低，提升其横向稳定性；还能约束外力对拱肋形成的位移。

如果设计拱肋的宽度在单肋合龙最小宽度以下，可以使用双肋合龙或多肋合龙的施工方式，能够保证拱肋的横向稳定性。

一般拱桥的跨径较大时，就可以使用双基肋或多基肋合龙的方式。基肋键使用紧随拼装的方式，其横向要使用木夹板、木剪刀撑、钢筋拉杆等进行连接，以保持横向稳定性。

如果拱肋的拱轴系数太大、拱肋横截面太小，或者拱肋的刚度低于标准，此时，需要对拱肋进行纵向稳定性的加强。可以在拱肋接头下方设置拉索，能够避免拱肋接头出现上冒变形；拱截面尺寸小、刚度低，就利用钢丝绳在拱肋底弧上分点张拉，使其刚度得到提升。

四、转体施工法

桥梁转体施工是 20 世纪 40 年代后发展起来的一种架桥工艺。它是指在河流的两岸或适位利用地形或使用简便的支架先将半桥预制完成之后，以桥梁结构的桥墩台本身为转动体，用一些机具设备，分别将两个半桥转体到桥位轴线位置或再浇筑合龙段成桥。

转体的方法有平面转体、竖向转体或平竖结合转体三种。平面转体又分有平衡重转体和无平衡重转体两种。

（一）有平衡重转体施工

有平衡重转体施工的特点是转体重力大，施工关键是转体。要把数百吨重的转动体系顺利、稳妥地转到设计位置，主要是靠正确的转体设计、制作灵活可靠的转体装置、布设牵引驱动系统等措施来实现。

1. 转动体系的构造

转动体系主要由底盘、上盘、背墙、桥体上部构造和拉杆（或拉索）等部分组成。底盘和上盘都是桥台基础的一部分，底盘和上盘之间设有能使其互相间灵活转动的转体装置；背墙一般就是桥台的前墙，它不但是转动体系的平衡重，而且是转体阶段桥体上部拉杆的锚碇反力墙；拉杆一般是拱桥（桁架拱、钢架拱）的上弦杆，或是临时设置的体外拉杆钢筋（或扣索钢丝绳）。

2. 转体装置

常用的转体装置有两种：一种是以聚四氟乙烯滑板构成的环道平面承重转体，另一种是以球面转轴支承辅以滚轮的轴心承重转体。

3. 拱桥的转体施工

有平衡重转体拱桥的主要施工程序如下：

（1）制作底盘（以钢球缺铰为例）。

（2）制作上转盘。

（3）试转上转盘到预定轴线位置。

（4）浇筑背墙。

（5）浇筑主拱圈上部结构。

（6）张拉拉杆，使上部结构脱离支架，并且和上转盘、背墙形成一个转动体系，通过配重基本把重心调到磨心处。

（7）牵引转动体系，使半拱平面转动合龙。

（8）封上下盘，夯填桥台背土，封拱顶，松拉杆，实现体系转换。

（二）无平衡重转体施工

无平衡重转体施工是指把有平衡重转体施工中的拱圈扣索拉力锚在两岸的岩体中或利用边跨地自重构成平衡体，从而节省了庞大的平衡重。但由于锚碇的要求，此施工方法宜在山区地质条件好或跨越深谷急流处建造大跨桥梁时选用。

1. 转动体系的构造

拱桥无平衡重转体施工具有锚固、转动和位控三大体系。

2. 无平衡重转体施工

（1）转动体系施工。

①设置下转轴、转盘及环道。

②设置拱座及预制拱箱（或拱肋），预制前需搭设必要的支架、模板。

③设置立柱。

④安装锚梁、上转轴、轴套、环套。

⑤安装扣索。

这一部分的施工主要保证转轴、转盘、轴套、环套的制作安装精度及环道水平高差的精度，并要做好安装完成到转体前的防护工作。

（2）锚碇系统施工。

①制作桥轴线上的开口地锚。

②设置斜向洞锚。

③安装轴向、斜向平撑。

④尾索张拉。

⑤扣索张拉。

（3）转体施工。

正式转体前应再次对桥体各部分进行系统全面的检查，检查合格后方可转体。拱箱的转体是靠上、下转轴事先预留偏心值形成的转动力矩来实现的，启动时放松外缆风索，转到距桥轴线约 60° 时开始收紧内缆风索，索力逐渐增大，但应控制在 20kN 以下，待转不动时则应以千斤顶在桥台上顶推马蹄形下转盘。为了使缆风索受力角度合理，可设置两个转向滑轮。缆风索走速在启动时宜选用 0.5 ~ 0.6m/min；行走时宜选用 0.8 ~ 1.0m/min。

（4）合龙卸扣施工。

转体就位时，拱顶合龙端的高差通过张紧扣索提升拱顶、放松扣索降低拱顶来调整到设计位置。封拱宜选在低温时进行。首先，用八对钢楔楔紧拱顶，焊接主筋、预埋铁件；其次，先浇封桥台拱座混凝土，再浇封拱顶接头混凝土；最后，当混凝土达到 70% 的设计强度后，即可卸扣索，卸扣索应对称、分级进行。

（三）拱桥竖向转体施工

当桥位处无水或水很少时，可以将拱肋在桥位拼装成半跨，然后用扒杆起吊安装；当桥位处水较深时，可以在桥位附近拼装成半跨，浮运至桥轴线位置，再用扒杆起吊安装。例如，三峡莲沱大桥属基本无水安装，浙江新安江大桥和江西瓷都大桥均采用船舶浮运至拱轴线位置起吊安装。以下简要介绍莲沱大桥竖向转体的施工方法。

莲沱大桥全长 341.9m，桥面宽 18.5m，主桥跨径为 48.3m + 114m + 48.3m 的三跨钢管混凝土系杆拱桥。中跨为中承式无铰拱，两边跨为上承式一端固定、另一端铰支拱。拱肋断面为哑铃形，由直径为 1.2m 的上、下钢管和腹板构成，拱肋高为 3m。两拱肋之间设有钢管混凝土横斜撑联系。半跨拱肋的拼装就在桥轴线位置立架安装。

1. 钢管拱肋竖转扒杆吊装

钢管拱肋竖转扒杆吊装的工作内容：将中拱分成两个半拱在地面胎架上焊接完成，经过对焊接质量、几何尺寸、拱轴线形等验收合格后，由竖在两个主墩顶部的两副扒杆分别将其拉起，在空中对接合龙。

由于两边拱处地形较高，故边拱肋直接由吊车在胎架上就位拼装。扒杆吊装系统设计的主要工作包括起吊及平衡系统的计算、扒杆的计算、扒杆背索及主地锚的计算、拱脚旋转装置的设置等。

拱肋在竖转吊装过程中，需绕拱脚旋转。旋转装置采用厚度为 36mm 的钢板在工厂进行配对冲压而成，这样使两个弧形钢板较密贴。在两弧形钢板之间涂上黄油，以减小摩擦力。

2. 钢管拱肋竖转吊装

（1）竖转吊装的工作顺序。

安装拱肋胎架→安装拱脚旋转装置→安装地锚→安装扒杆及背索→拼装钢管拱肋→安装起吊及平衡系统→起吊三斗坪侧半拱→起吊两侧半拱→拱肋合龙→拱肋高程调整→焊接合龙接头→拆除扒杆→封固拱脚。

（2）扒杆安装。

为便于安装，扒杆分段接长，立柱钢管以 9m 左右为一节，两节之间用法兰连接。安装时先在地面将两根立柱拼装好，用吊车将其底部吊于墩顶扒杆底座上，并用临时轴销锁定，待另一端安装完扒杆顶部横梁后，由吊车抬起扒杆头至一定高度，再改用扒杆背索的卷扬机收紧钢丝绳将扒杆竖起。

（3）拱肋吊装。

起吊采用两台 200km 同步慢速卷扬机，待拱肋脱离胎架 10cm 左右，停机检查各部分运转是否正常，并根据对扒杆的受力与变形、钢丝绳的行走、卷扬机的电流变化等情况的观测结果，判断能否正常起吊。当一切正常时，即进行拱肋竖转吊装。拱肋吊装完成后，进行拱肋轴线调整和跨中拱肋接头的焊接，完成主拱肋吊装合龙。

第五节　斜拉桥和悬索桥施工

一、斜拉桥施工

斜拉桥的组成部分包括索塔、拉索、主梁等，因此是一种缆索承重的桥梁结构，能够承受相对柔和的力量。在主梁上有着长长的拉索，为主梁提供了弹性的支撑力和轴向力，因此主梁的高度可以降低，而跨度则有所提升。和悬索桥相比，斜拉桥上的拉索对桥身是直线拉紧的，因此同样的荷载作用下，其所产生的位移会更小。

（一）索塔及基础施工

斜拉桥的索塔根据施工材料的不同分成钢索塔、混凝土索塔两类。其中钢索塔的质量好、抗震性强，但需要更多的施工精度和维护要求，而且工程造价比较高；混凝土索塔的刚度较大，不需要相应的养护和维修措施，而且施工方便快捷，且成本较低。我国的斜拉桥在施工时多使用混凝土索塔。

1. 钢索塔施工

采用钢索塔的时候，对钢索塔的施工方法一般使用预制拼装的办法，先对钢索塔的分段进行预制，然后将预制成型的钢索塔分节运输到施工现场，利用起吊设备将各个分节吊装安装。施工过程中，应充分考虑到吊装高度、起吊吨位等因素，并且现场对各个分节的连接可采用高强度螺栓连接、焊接等方式。钢索塔从工厂预制成型，在安装时需要进行测量控制，为了避免存在加工误差、安装误差、测量误差等，需要对螺栓孔进行打孔、试填等。

钢索塔由于其材料为钢材，很容易因淋雨而产生锈蚀，因此需要对钢材喷锌。不过在施工时会涂油漆涂料，这样的防锈措施只能保持 10 年。涂油漆涂料要有两层底漆和两层面漆，加工厂为钢材涂前三层漆，在施工安装的时候涂最后一道漆。

2. 混凝土索塔施工

混凝土索塔的组成部分可分为基础、承台、下塔柱、下横梁、中塔柱、上横梁、上塔柱、拉索锚固区段、塔顶建筑等。

下塔柱、中塔柱、上塔柱组成了混凝土索塔的塔柱，塔柱进行施工时，可以将塔柱分段进行施工，比较常用的施工方法有支架法、滑模法、爬模法等。塔柱的分段可以是 1～6m 的节段，塔柱中包含了劲性骨架，这也是在加工厂加工而成。在施工现场对劲性骨架进行分段拼接，能够为施工提供受力作用，还能实现放样、立模、拉索钢套管等。设计者在设计劲性骨架时，应该根据索塔受力的情况来提升劲性骨架的强度。如果塔柱存在内倾或外倾的布置，需要设置相应的受压支架或受力拉杆，这样能够缓解塔柱倾斜的受力，确保塔柱的稳定和强度。

混凝土上下横梁施工，可以直接在现场搭建支架，现浇混凝土横梁。由于桥横梁需要跨越比较大的跨径，因此对预应力混凝土横梁实行高空现浇有着很大的难度。因此，在进行施工时，需要搭建支撑系统，能够避免施工过程中产生的弹性变形、间隙变形、支撑不均的沉降变形等。另外，外界的温度变化也会影响到混凝土、钢的形变，这些都需要支撑措施提供相应的防护能力。

混凝土索塔的施工，需要现场完成对混凝土的浇筑，因此输送混凝土可使用提升法，如果条件允许，可以使用泵送方法，其运送高度超过 200m。

3. 索塔拉索锚固区塔柱施工

索塔拉索在塔顶部的锚固形式主要有交叉锚固、钢梁锚固和箱形锚固等。

箱形锚固的施工程序：

架立劲性骨架→绑扎钢筋→安装套筒→套筒定位→安装预应力管道及钢束→模板安装→混凝土浇筑养护→施加预应力→压浆。

4. 索塔施工测量

在对索塔进行施工时，经常因为外界的各种因素，如混凝土收缩、基础沉降、温度变化、施工误差等，导致索塔的尺寸或位置等出现偏差，这将会影响到索塔的强度和稳定性。为了能够让索塔的施工更加顺利，保持索塔的稳定性，需要在施工过程中做好测量和监督工作。不仅要明确各部件的精度，还要及时测量索塔各道工序的完成性。

对索塔进行局部测量时，一般使用的仪器是全站仪，利用三维坐标法、天顶法等方法来测量。可以在 22：00—次日 7：00 的时间内完成对索塔的测量，这个时间段没有日光照射，因此索塔不会出现光照形变带来的影响。外在风力也会形成影响，所以测量时尽量选择风力小的时段，同时还要对这些影响因素进行修正。

5. 索塔基础施工

对索塔基础的施工方式主要包括扩大基础、沉箱基础、管柱基础、桩基础等方式。

(二) 主梁的施工方法

斜拉桥主梁的施工，基本和梁桥的施工方法相当，可采取的方法包括顶推法、平转法、支架法、悬臂法等。

1. 顶推法

主梁使用顶推法施工，要在施工时设定一些临时的支墩，这些支墩可以为主梁提供支撑作用。一般桥下缺少净空、修建支墩不会影响桥下交通、主梁可承受正负弯矩等情况时使用顶推法。混凝土斜拉桥的主梁如果在拉索张开前利用顶推法对主梁进行施工，会因为主梁的弯矩能力超出临时支墩的支撑能力，而要搭建临时预应力束，这会在一定程度上增加施工成本。

2. 平转法

在河的一岸或两岸沿着河流方向设置矮支架，然后现浇主梁，对主梁进行落架、张拉、调索等安装程序，然后将主梁整体沿着墩、塔旋转到预定的桥位置完成最后的合龙。一般当桥的位置处于地势平坦的地区，或者桥墩较矮的小跨度桥都可以使用平转法来施工。

3. 支架法

斜拉桥主梁采用支架法施工，就是利用支架对主梁现浇的方法，主要包括临时支墩设置托梁或劲性骨架现浇、临时支墩设置预制梁段等。利用支架法来现浇主梁，能够保证主梁的结构符合标准，而且施工方式简单快捷，不过在使用时不能对桥下交通带来影响。

4. 悬臂法

在支架上修建边跨、中跨时利用悬臂完成施工，这属于单悬臂法；如果采用对称平衡的悬臂完成施工，就是双悬臂法。利用悬臂完成施工，可以是悬臂拼装，也可以是悬臂浇筑。

悬臂拼装是在塔柱区将一段起始梁段现浇出来，这节梁段可以用来设置起吊设备，再利用起吊设备从两侧完成对其他节段的对称安装，最后让悬臂持续伸长，直到完成对主梁的合龙为止。

如果斜拉桥的跨径较小，而且构件的重力也相对较小，在安装时可以使用缆绳吊装，将较好的塔桩作为索塔，就可以通过挂篮将主梁吊起拼装。采用缆索吊装的方法对设计要求不高，而且施工荷载比较轻便。

悬臂浇筑则是从塔柱的两侧使用挂篮对混凝土进行逐段浇筑，很多混凝土斜拉桥的主梁在施工时都采用悬臂浇筑的方法。

和别的桥梁相比，斜拉桥的主梁比较细，高跨比也小，缺少抗弯能力。用悬臂法对斜拉桥进行施工，不但成本较高，而且容易失败。因此施工时要使用适宜的方法，让斜拉索的作用充分发挥出来，把荷载降到最低，从而让斜拉桥的主梁的受力同设计的一致。

施工过程中，还要对主梁进行临时固结，这样才能使梁体两侧的荷载得到消除，避免桥梁发生倾斜。桥梁使用的临时固结可分成临时支座锚固主梁、临时支承两类。

（三）拉索施工

1. 拉索的制作和防护

制作拉索，使拉索的质量符合桥梁架设的需求，不能直接在现场制作，需要在工厂中进行加工，而且要对制作的拉索进行检验，使其质量得到保障。

斜拉索的防护主要是使其在使用中能够提升强度和耐久度，可以使用临时防护或永久防护来完成。临时防护是拉索从工厂被运输出到永久防护之间的防护时间；永久防护则是对拉索的吊装和桥梁建成后整个使用时间的保护，拉索的防锈措施属于内防护，为了避免内部防护材料老化而采取的外部防护就是外防护。

2. 拉索安装

拉索有着不同的卷盘方式，根据这些方式对拉索进行放索，如立式转盘放索、水平转盘放索等。将拉索的两端从梁上、塔上的索孔穿过，然后将拉索固定在锚板上，这就是挂索。由于拉索的样式不同，采用的锚具也有着多种的规格，对斜拉桥的设计更存在较大的差异，所以在使用挂索和张拉的方式上也要结合实际的施工需求来选择。通常，采用吊点法、吊机安装法、分步牵引法等安装斜拉索塔，利用吊点法、拉杆接长法来安装斜拉索梁。

安装拉锚式拉索时，一般能够利用卷扬机将锚具从锁孔中拉出，然后用螺母将锚具固定好即可。

如果拉索的长度在 100m 以上，重量也在 5t 以上时，锚具使用卷扬机拉出就没有那么容易了，就需要选择其他的拉出方法。先将连接杆安装在拉索锚具上，把连接杆用卷扬机拉出洞口，然后采用挂索的方法继续牵拉锚具。一定要加大连接杆的长度，才能让卷扬机在有限的牵引力下完成对锚具的拉出作业。

如果斜拉桥的跨度非常大，需要协调拉索制作和挂索的施工作业，对各个阶段挂索情况进行监督，使上一阶段的挂索为下一阶段的拉索提供依据，以便随时

对拉索程度作出适度调整。

3. 拉索张拉与索力测定

利用千斤顶调整拉索的索力就是张拉。每个桥梁的建设情况不同，因此设计的拉索索力也是不同的。具体的拉索索力需要在施工中进行确认，可以使用压力表额定千斤顶液压、压力传感器直接测量，结合拉索振动频率对索力计算等方法。

4. 拉索的减振

拉索在安装和使用过程中都会产生振动，为了避免其振动过大而影响施工和使用，需要对拉索进行减振，主要的减震措施是安装减震器，也可以在拉索外面加装黏弹性高阻尼衬套。

（四）施工控制

在桥梁施工阶段随着斜拉桥结构体系和荷载状态的不断变化，结构内力和变形也随之不断发生变化，因此需对斜拉桥的每一个施工阶段进行详细的分析和计算，求得斜拉索张拉吨位和主梁挠度、塔柱位移等施工控制参数的理论计算值，对施工的顺序作出明确的规定，并在施工中加以有效地管理和控制，如此方能确保斜拉桥在施工过程中结构的受力状态和变形始终处在安全的范围内，成桥后主梁的线形符合预先的期望，结构本身又处于最优的受力状态。这就是斜拉桥在建造过程中必须解决的一个重要问题，即斜拉桥的施工控制。它包括两个方面。

（1）对施工不同阶段的控制参数进行理论计算，从而计算出相应的理论值，根据这些数据总结出施工控制文件。在进行理论计算时，需要综合考虑施工方案、计算图式、地震、风力、温度、非线性影响等。使用倒拆法和正算法来进行理论计算。

（2）如果在施工过程中，进行实际测量的值同理论计算的值不同，就需要对实际的施工措施进行重新优化和调整，如需要在施工中控制高程，从而保持主梁的线形正确，还要控制拉索张拉时的索力，从而确保整体结构处于理想的形变和拉力中。

二、悬索桥施工

悬索桥的结构包括主缆、主塔、加劲梁、鞍座、锚碇、吊索等，这些构件组合在一起能够形成柔性的悬吊桥结构。主塔和主缆承受着整个悬索桥的重量，加劲梁也承受一定的力量，这取决于施工的方法。当悬索桥施工完毕后，所有外界的荷载都作用在结构整体上，按照每个构件的刚度来分配具体的受力。

悬索桥施工程序：

锚碇及基础→悬索桥塔及基础→主缆和吊索的架设→加劲梁的工厂制作与工地安装架设→桥面及附属工程。

（一）锚碇和桥塔的施工

1. 锚碇的施工

在对主缆的支撑结构中，锚碇是非常重要的部分。如果悬索桥的跨度较大，就需要使用锚碇，主要包括锚块、锚块基础、锚室、散索鞍墩、锚盖、锚碇架等。锚碇主要分成两类，分别是重力式锚碇和隧道式锚碇。

（1）重力式锚碇。

重力式锚碇在浇筑大体积混凝土的时候使用，需要注意的是，在施工过程中要处理好混凝土水化热的问题，同时也应合理使用分块浇筑的方法。混凝土水化热可能会导致因为混凝土内外温差过大，造成锚体混凝土出现开裂的情况。

（2）隧道式锚碇。

在设置隧道式锚碇时，需要对岩体进行开挖，而开挖时使用的爆破药量要适中，不能过多而导致岩体破坏严重，整体性丧失，不利于隧道锚的稳定性和可靠性。

（3）锚碇架的制作和架设安装。在主缆锚固结构中，锚碇钢构架是最主要的部分，包括拉锚杆、锚梁、锚支架。在施工过程中，锚支架可以起到支撑作用，能够为锚梁、锚杆进行定位。锚杆连接着主缆的索股，有单束的，也有双束的，多用 A3 或 16Mn 的钢板焊成。在焊接锚杆时，要严格要求焊接的品质，确保锚杆的变形量和精度。在安装锚碇时，先控制好锚梁，然后安装锚杆，最后理顺锚碇的轴线，对锚固点的高程进行相应的调整。

2. 桥塔的施工

在对悬索塔的桥塔进行施工时，其施工方式和斜拉桥的桥塔施工接近，同样可修筑悬索钢桥塔和混凝土桥塔。

（1）悬索桥钢桥塔的施工。

悬索桥钢桥塔在进行施工时，可采用塔式吊机、浮式吊机、爬升式吊机等几种吊装设备，因此也就形成了这几种施工方法。采用钢桥塔方式，多根据施工的地形条件进行，也要将经济适用性考虑在内。

（2）混凝土桥塔的施工。

混凝土桥塔在进行施工时，可采用翻模法、滑模法、爬模法、提升支架法等施工方法来安装塔身和立柱。

3. 锚碇和桥塔基础的施工

安装悬索桥的锚碇和桥塔基础，可采用的施工方法主要有桩基础、扩大基础、明挖基础、沉井基础、沉箱基础等。

（二）主缆架设

1. 主缆架设的准备工作

在架设主缆之前，需要将索鞍装配好，通过塔顶吊机或者吊架，再利用其他配套设施，可以将导索、拽拉索、猫道等架设好，这些都是架设主缆的基础。

2. 导索及牵引索（拽拉索）架设

（1）海底拽拉法。

导索架设最初采用海底拽拉法，这种方法采取的步骤如下。

先从一岸的塔底将导索临时锚固起来，之后利用船只把导索索盘装好运输到对岸的桥塔处，然后将导索放入水中。

将航道封闭，防止对通航造成影响，通过提升装置把导索向上提升到塔顶处，将导索装入导轮组，使其到达两端的锚碇。

导索的两端分别同卷扬机筒和拽拉索连接起来，把卷扬机打开，导索就会将拽拉索牵引到河对岸。

（2）浮子法。

架设导索也可以使用浮子法。每隔一段距离就在导索上安装一个浮子，然后用船将导索向对岸牵拉，由于浮子的作用，导索不会沉入水底。

如果水中没有岩礁或者水流相对平缓，就可以使用海底牵拉法或浮子法。

（3）空中渡海法。

如果架设导索的地点的水流非常急，此时就不能用海底拽拉法和浮子法了，需要使用空中渡海法。把锚碇一侧连接到导索上，放松导索，从另一侧把导索牵拉起来，从而拉出牵引索，通过卷扬机将导索收起来，最后带动牵引索牵引过河。

（4）直升机牵引法。

明石海峡大桥采用直升机空中牵引架设导索的方法获得成功。

3. 猫道架设

猫道如同临时的索桥，能够为主缆架设提供在空中施工的平台。猫道的基本构成包括猫道承重索、猫道面板系统、横向天桥、抗风索。每个主缆下可设置一个宽 3 ～ 5m 的猫道。猫道面层可同主缆中心线高 1.3 ～ 1.5m，可以对称设置。

可以使用架设导索架的方式设置猫道索，从一端的塔顶将猫道索一侧吊起，另一端则可使用卷扬机进行牵拉，调整好垂度，两端用锚固定好。调整猫道索的矢度，然后铺设猫道面板，预制横木和面板分段，将其提升到塔顶，顺着猫道索向下释放，最后将所有分段连接起来，固定在承重索上，设置立柱和扶手锁。架设好猫道后，还可架设横向天桥。

架设主缆时，利用门架对拽拉系统进行支撑和导向，每隔一段距离设置一个猫道门架。

4. 主缆架设的过程

主缆架设可以采用空中编缆法（AS 法）、预制丝股法（PS 法）。

（1）空中编缆法。

在猫道上把单根钢丝进行编制后，形成一束束的丝股，将丝股安装相应的数量继续编制，最后形成主缆。

用专门的卷筒将钢丝卷起，然后将其运送到悬索桥的钢锭旁，一头抽出并固定在梨形蹄铁上，这一头为"死头"，继续向外抽拉钢丝，将其套在送丝轮上，同牵引索相连，开启卷扬机，牵引索带动送丝轮慢慢把钢丝牵引送到对岸，把钢丝固定在另一侧钢锭的梨形蹄铁上，送丝轮将其带回起始位置，经过多次反复牵拉就可把一定数量的丝股扎成钢束，卷筒中放钢丝的一头为"活头"。

当一束丝股完成了牵引，应剪掉"活头"，用特质连接器使其同"死头"连接起来。环形牵引索上固定两个送丝轮，一个送丝轮上有一条或多条槽路。每次送丝算一组，如果不足一组，需要单独牵引一次。送丝轮上的槽路越多，送丝数量越大，也会需要更多的牵引力。

在开始编缆前，为对第一批丝股的高程进行确定，可以先放一根自由悬挂的基准丝，只承受自重荷载，形成悬链线，然后对基准丝进行测量，测量时要保持温度的稳定。然后对牵引的跨度和垂度进行调整，使其同基准丝相同，同时也要保持所受拉力、线形等同基准丝保持一致。通过对钢丝束进行梳理后，使用液压千斤顶对其完成挤压成型，用钢带扎好即可。

采用鞍外编股和就鞍编股的方式对钢丝束编股，现在多采取就鞍编股方法，因为鞍外编股最后还要把丝股放到主鞍槽路中，增加了工序。

为了确保每一束丝股都和设计相符，需要对丝股的垂度进行调整，主要利用千斤顶进行调整，用销片塞在梨形蹄铁处，用索鞍把丝股整束起来。对丝股进行调股时，也要保持温度的稳定。

（2）预制丝股法。

预制丝股法就是预制场先把钢丝制成平行的丝股，在采取拽拉的方式从猫道将丝股向上拽拉。和空中编缆法相比，从猫道上拽拉的不是单丝，是丝股，需要更大的牵引力，所以用全液压无级调速卷扬机完成对丝股的牵拉，可使用门架支承拽拉器和轨道小车完成对丝股的牵引。

锚跨内钢丝束拉力调整。无论是使用空中编缆法，还是利用预制丝股法，都需要对锚跨内丝股拉力进行调整。先使用千斤顶把丝股拉近，将支撑垫板插入锚梁和锚具支撑面中间，然后伸长丝股将拉力导入。可以使用位移和拉力完成对锚跨内钢丝束的控制。

紧缆挤圆。调整好丝股的垂度，将丝股放在索鞍中，使用紧缆机将缆挤压成圆形。将多台千斤顶、辅助设施沿着环形刚性钢架设置后构成紧缆机，使主缆可以从两端一起作业，4台紧缆机对称紧缆，从主跨跨中向两侧开始，一边紧缆，一边敲实，然后利用钢丝扎紧。

缠丝。把线缆用紧缆机挤压成圆形，主缆会承受大部分的荷载，此时可以进行缠丝。先将锌粉涂在主缆上，再使用缠丝机将主缆缠起来，同时将上面被挤出的锌粉清除，最后将缠好的主缆涂上防护漆。

（三）加劲梁的架设

加劲梁的施工，需要提前安装吊索和索夹。特别是对悬索桥加劲梁的架设，可以先利用吊装设施将主塔附近的加劲梁节段架设起来，然后朝着跨中、桥台的方向持续架设；也可以先从跨中部分开始架设，然后朝着两侧的桥塔将其他节段连续架设起来。在施工中，需要对主缆变形情况加以关注，防止其影响到加劲梁的线形。

（四）施工控制

悬索桥的架设过程中，需要做好对主缆、加劲梁的施工。这两部分是悬索桥中非常重要的部分，因此在架设过程中要非常注意。因为施工的持续进展，桥塔、线缆都会承受越来越多的荷载，会导致主缆线形产生相应的变化。为了确保主缆、加劲梁同设计的线形一致，需要做好施工控制，对整个过程中的形变、荷载等变化情况进行监督。主缆的线形、吊索的长度都会对大跨度悬索桥的结构形成重要影响，因此需要在悬索桥的架设中完成对主线缆的监控，因为架设完成后，就无法调整了。

对施工进行监控的措施主要包括以下方面：

（1）控制主缆施工，确保主缆的各部分受力均匀。

（2）要控制主缆调股，使其被调整到相应的位置，确保主跨、边跨的矢度符合要求。

（3）控制所架设的主缆的长度。

（4）控制主鞍座的位置，需要确保主鞍座朝着岸边的空间位置有一定的偏移量。

（5）要控制梁段的架设。

第六章　绿色低碳桥梁评价体系

可持续发展战略正在被纳入建筑工程结构的所有项目中。交通基础设施具有投资数额大、建设周期长、影响范围大的特性。可持续发展是一个长期的过程，长期的实践可以使环境保护和相关技术与施工工艺有较大的改进。因此，在桥梁设计、施工和维护的各个阶段，可持续发展战略可以对建设起到监督的作用，同时可以促进建设方实现节能、减排、节水、节地等可持续发展目标，从而使整个社会更有效地利用这一大笔资源投资。

第一节　基础理论

一、可持续发展

可持续发展是一种既满足当代人的需求又不损害后代人满足其自身需要的发展。

可持续发展思想是现代工程项目最基本的指导思想，所有可持续发展体系究其根源就是可持续发展思想的引导。可持续发展思想要求工程项目的建设从项目立项到规划阶段都必须避免对生态环境、人文及自然景观可能造成破坏和影响的因素，在建设的过程中也应充分利用可再生资源，注重收集和循环利用资源，在项目进入运营维护期后实现工程维护与环境保护相协调，无论是维护管理的工作人员还是工程项目服务的公众都能在与自然生态环境融为一体的良性循环中实现目标，这就为工程项目的建设提出了更高要求。满足可持续发展目标的绿色公路与桥梁项目需要在更高水平上满足现代交通运输更快、更安全、更舒适的需求，同时也必须为当地社会、经济、环境的长期发展做出应有的保护与促进。只有这样才能保证公路交通的发展能力和持续的发展状态，保证桥梁建设"既有利于当代，又能造福于子孙"的最终目的的实现，满足国民经济的发展需要，促进社会的全面进步。可持续发展的做法是我们生活中每一个方面的关键组成部分。

由于环境复杂性的加剧，人们越来越难以忽视可持续发展的概念。这一概念已在全世界范围内宣传，以实现对工业发展采取更公正的态度。可持续发展是既满足当代人的需要又不损害后代人满足其需求的发展是由世界环境与发展委员会提出的并作为一个共同发展目标的可持续性发展定义。

可持续发展不仅是指环境保护，还包括生活质量、资源和利益的分配、环境与发展之间的相互作用以及未来的规划。

应对气候变化和确保可持续发展的实现是目前世界经济体优先考虑的事项。根据模型预测，发展中国家的温室气体排放量已在 2020 年前超过发达国家排放量。清洁发展机制是第一个考虑到这一挑战的气候变化机制，它还探讨了在特定项目中整合气候变化以及考虑可持续发展的潜力。符合清洁发展机制的项目包括：最终用途能源效率、供应方能源效率、可再生能源、燃料转换、农业、工业过程、溶剂和其他产品使用、废物管理和森林管理。任何项目都有排放，但是符合清洁发展机制的项目必须保证能源实现真正的额外削减，收获可测量的和长期的效益。可持续性条件表明，桥梁工程需要实现上述要求才能达成可持续发展目标。

二、绿色发展

绿色发展是基于传统发展模式的一种创新，是将生态环境与资源承载作为主要的限制条件，环境保护是实现可持续发展的必要支撑的一种新型发展理念。其主要内容包括：把环境与资源摆在社会经济发展的核心要素位置；绿色发展的目的是实现环境、社会与经济的可持续发展；绿色发展的重点内容与途径是将工程项目的过程和结果"绿色化""生态化"。

三、模糊综合评价法

模糊综合评价法又称模糊综合评价决策，是常见且有效性较高的模糊数学方法，其通过设置等级模糊将各影响因素量化，之后运用模糊变换原理完成对不同指标的综合测评。

对桥梁可持续发展评价采用模糊数学的方法进行综合评价，首先明确目标：评价指标能够较全面地表达出各评价主体的意见，能够准确反映评价对象的总体优劣。将研究的评价目标抽象为一个模糊集合（简称因素集U），因素集U包含评价指标组成的因素，因素被划分为不同的评审等级，同时评审等级构成了评语的模糊集合（简称评价集C）。依据评价因素的类别构建隶属函数，应用隶属函数公式求出单因素对于每个等级的归属度，同一类别的单因素归属度组成隶属度矩阵（称为模糊矩阵或评价矩阵）。最后依据不同因素在评价目标中的权重，运用模糊矩阵的运算公式，得出评价目标的综合数值。

（一）模糊综合评价法理论

模糊综合评价是模糊数学的综合运用，能对所研究的事物做出综合评价。它的基本原理：首先，根据项目的特点确定被评价对象的因素集 $U = \{U_1, U_2, \cdots U_n\}$ 和模糊评价集 $C = \{C_1, C_2, \cdots C_m\}$。其中$U_i$为各单项指标，$C_i$为对$U_i$的评价等级层次，一般可分为五个等级：优秀、良好、中等、合格和差。确定好因素集合评价集以后，再确定各个因素在所有评价因素中的权重自量W，也就是指标的权重，利用构造的隶属度函数求出隶属度矩阵R，运用模糊数学进行模糊变换，从而得到模糊评价矩阵。最后，运用数学方法把模糊评价矩阵与指标的权重向量集进行合成运算，并将运算结果进行归一化处理后，得到模糊综合评价结果向量集 S，$S = W \times R$，于是，(U, C, R, W) 构成一个综合评价模型。

（二）具体实施过程

模糊综合评价方法的具体步骤如下：
（1）确定研究对象的评价指标。
（2）确定模糊评价集C。
（3）建立模糊关系矩阵R（隶属度矩阵）。
（4）确定评价因素的权重向量W。
（5）合成模糊综合评价结果向量集S。

得出模糊综合评价结果也就得出了该项目的评价结果，根据得出结果对项目的各项指标详细分析，找出问题所在，采取积极的应对措施解决问题，使项目达到预期的效果。

（三）模糊综合评价指标权重系数确定

指标权重体现在综合评价时对该指标重视的程度，关于指标的权重，专家采用调查法确定，具体步骤如下：

（1）选择专家：专家的知识及经验决定了结果的准确性，一般选择本专业德高望重的专家 10 至 30 人，然后进行交涉，取得专家本人同意。

（2）将设计的问卷及确定权重的规则发给专家，请其独立给出指标的权重。

（3）回收并计算权重向量，具体公式如下：

$$W = \frac{\sum_{x=1}^{m} w_x}{m}$$

式中：m——给出阶段及指标合理权重的专家数。

w_x——第 x 位专家给予某个阶段或指标的权重。

（4）将所得结果和相关资料传送给专家，使其以此为基础得出新的权重比例。

（5）再次进行第（3）步骤及第（4）步骤，直到不同专家得出相对统一意见的时候停止重复。

至此，确定各指标的权重。

四、专家调查法

专家调查法的构想最初是在美国兰德公司的一项研究中提出的。此方法是基于参与者受控回馈的结构化调查方法，主要参与调查的是专业人员与行业专家。首先组织者依据要研究的问题邀请一定数量（最少 3 人，最多 50 人）并符合履历标准的专家参与调查，同时设计调查问卷（调查问卷应包含目标问题的详细描述、各个指标的描述以及评价的规则）。将调查问卷分发给各位专家，在规定的时间内回收问卷并对结果进行统计分析。在上一轮分析结果的基础上修改调查问卷并重新发放给专家。重复上述过程，直到每位专家的意见在前后两轮中保持一致。每轮结束后，需把上一轮结果的统计数据反馈给参与专家。参与专家在下一轮中可以修改上一轮的评估，当然他们也可以坚持他们原来的观点。

采用专家调查法作为数据收集方式在广泛的研究领域获得认可，这些领域包括医学、护理学、社会工作、公共卫生、国际化发展、环境保护与自然资源管理、公共政策等。它经常被用来作为一个定性的预测技术，但也被用来调查和了解可能的影响因素，辅助决策具体问题。专家组成人员的人数应该由研究目标和人员特点确定，特别指出：当参与者职业领域相近时，10 到 15 位专家就可以得到足够的效果。然而，如果调查的问题涉及多方面的专业领域，需要有不同角色和专业领域的参与者，则建议选取更多的样本以确保不同角度的意见得到更平衡的收集。

总的来说，众多国内外学者阐述了在工程建设和管理领域使用专家调查法来实现研究的几个准则，同时还提出了专家参与调查所需的最低要求。这种方法尤其适用于在建筑工程和管理领域获得专家意见与定量结果，特别是当研究缺乏实证证据的情况下。

第二节　绿色低碳桥梁评价体系的建立

一、桥梁工程项目评价研究

国内针对桥梁的评价研究多数是从风险与安全评价、性能与质量评价、设计与结构评价三个方面进行，没有涉及绿色生态环保评价的专项评价研究。同时，关于桥梁工程寿命周期的大多研究仍然只是通过控制工程寿命周期总成本的方法来进行桥梁结构优化设计。然而寿命周期成本最小不是评价桥梁设计方案的唯一准则，最优的桥梁设计方案应该在满足给定寿命要求的同时，结构性能良好、美观和对环境影响最小。桥梁生态友好设计是桥梁工程领域在保持地球生物多样性方面的努力方向，目前桥梁生态友好设计仍不具备独立成为设计内容的条件，仍须相关学科与桥梁学科的交叉发展。

二、我国桥梁绿色环保现存问题

我国的桥梁建设在"十二五"期间主要得益于中央财政资金的引导，也取得了较大的发展，但是绿色环保方面还存在很多问题亟待解决。

（1）政府需要强化激励措施，加强对桥梁绿色低碳建设的政策扶持。传统的桥梁建设专注于桥梁结构的耐久性与使用年限的延长，没有涉及建设与运维过程中对周围自然环境和社会环境的影响。这一点靠建设单位与企业的自觉远远不够，还需要政府出台相应的强制措施与激励政策，促进绿色环保行为广泛开展。

（2）建设企业的主观能动性需要进一步激发，整体提升桥梁的绿色环保理念。建设企业是桥梁项目建设与管理的主体，承担着工程质量、工程进度、工程安全等一系列项目责任，同时也拥有对桥梁项目的决策权。因此，如何激发企业建设绿色低碳桥梁的热情，努力提高桥梁项目的绿色环保水平成为当前面临的紧迫问题。

（3）现阶段对建筑设施绿色低碳界定的规范很少，基本上参考的是一些发达国家的评级体系，导致桥梁在绿色设计、建设与养护过程中缺乏相关的依据。

（4）市场配置资源的作用还没有在桥梁的绿色低碳建设与运维管理中充分发挥其作用，低碳环保产业的发展还需要有效的市场机制支撑。

三、绿色低碳桥梁评价体系的设计原则

桥梁是绿色交通和绿色公路体系的组成部分，也是绿色低碳评级体系的一员。绿色低碳桥梁建设应在可持续发展与绿色理念基础上，结合桥梁工程项目建设的基本流程，并考虑桥梁所处环境的特殊性。绿色低碳桥梁评价应统筹考虑桥梁全寿命周期内节地、节能、节水、节材、保护环境，满足桥梁功能之间的辩证关系，应因地制宜，结合桥梁所在地域的气候、资源、自然环境、经济等特点进行综合评价。对新建、扩建与改建的桥梁项目的评价，应在其投入使用一年后进行。

（一）评价指标要全面、系统，具有普适性

评价指标内容要全面。全面的指标应该是自成体系的，并不是没有重点的罗列，指标的全面性应该以系统性原则为指导。系统、全面的指标体系应该适用于不同桥梁项目，无论规模大小和类别。制定指标时不应先着眼于一个细分指标，要按照科学的分析方法由粗到细逐步建立指标。

（二）评价指标要切实可行、可操作

评价指标切实可行有两个要点。首先，指标宜细化不宜宽泛，内容过于宽泛的指标难以量化打分。其次，指标评价方式要在多样化与可行性之间平衡。最后，指标信息的首要来源应该是项目自身或公开数据。

（三）评价指标要统筹考虑桥梁的生命周期

桥梁的生命周期分为三大部分：设计阶段、施工阶段与维修管理阶段。绿色低碳桥梁的特征需要在整个生命周期里得到综合、全面的优化，保证材料、水资源、土地资源等得到有效合理的利用，达到碳排放大幅降低的目的。

在设计阶段，重点应包括桥梁选址是否合理、施工场地的占用与规划、桥梁结构与周围环境的交互影响、桥梁构成材料的特性等问题。

在施工阶段，重点应包括施工活动的持续时间与范围、对资源的需求、资源运输及循环利用方式、施工人员生活垃圾处置及回收利用、施工建筑垃圾处置及

回收利用等方面。

在维修管理阶段，重点应包括桥梁重大病害的预防与治理、提高桥梁使用的耐久性、桥梁日常养护活动对环境的影响、桥梁管理维护组织对于可持续发展与绿色理念的理解、执行与宣传等活动。

四、绿色低碳桥梁评价因素

可持续发展四要素目前为国际社会普遍接受，即：

（1）谨慎使用自然资源。

（2）保护环境。

（3）促进社会全面进步。

（4）保持经济持续增长。

A.J.马丁（A. J. Martin）等经过多年的研究，总结出了桥梁工程在可持续发展上面临的问题，见表6-1。

表6-1 桥梁可持续发展的考虑因素

自然资源		环境		社会		经济	
材料	新型材料	生态文化	栖息地	空间形式	美学	发展	经济发展
	新/旧材料		生物品种		人行道		环境成本
	循环材料		文化遗产		社区隔离		研究投入
	回收		—		安全		—
	当地资源		—		舒适		—
能源	耗能	地域	选址	社会保障	建设	得失	基础设施
	节能		周围环境		运营		财政
垃圾	循环利用	设计运营	艺术形式	负面影响	景观退化	雇佣	岗位
	设计循环利用		环境管理		噪声		技能
	回收		耐久性		震动		配型
	设计回收		适应性		冲突		—
使用土地	保护	运输	运输方式	包容	咨询	运输	运输方式
	开垦/复垦		运输依赖程度		责任		运输依赖程度

自然资源		环境		社会		经济	
水	水源	空气质量	挥发性气体	影响途经	物理	竞争	当地经济
			粉尘		化学		投资环境

依据文献与上文总结，以及上述问题的影响范围与重要程度分析，本书提出以下几个影响绿色低碳桥梁建设的主要因素。

（一）桥梁项目位置选择与环境影响

桥梁项目选址对桥梁与周围环境的生态友好起着至关重要的作用。应优先考虑已经开发的场地，因为这些地方前期的施工活动较少，造成进一步的环境损害也是有限的。要确保选址可以保护自然栖息地，同时避免或减少对水体和农田的侵占。

项目施工时造成的土壤侵占是产生环境问题的主要原因之一。自然风和雨水使得土壤松动、移动，这显示土壤流失是一项综合作用的过程。土壤是植物生长所需的宝贵资源，同时也是维持生物多样性的基础。土壤流失可能导致水质问题并抑制生物多样性。空气粉尘的产生是另一个重大的环境问题，可能会导致许多人的健康问题。桥梁施工活动产生的空气污染物很多时候是气态形式，包括灰尘、雾气、烟雾和刺鼻的气味，它可能导致普遍的肺部疾病，如尘肺病。

项目设计与施工需关注暴雨天气下地表雨水径流造成的影响，因此，控制径流水量对减轻城市河流负荷具有重要意义。雨水径流也是所有水体的主要污染源，其中可能包含沉积物、杀虫剂、油脂、金属以及其他化学品等。雨水如果不能渗入地下，而是以地表径流的形式存在，那么它会裹挟地表污染物，最终流到邻近的水资源中。雨水不能渗入地下可能是由于大面积的场地不透水或者不合适的水保留与修复技术。有效的现场管理措施可以使雨水渗入地下，从而减少暴雨水流的流量和强度。此外，减少雨水径流有利于补给地下水和恢复枯竭的河流。在设计阶段及早考虑雨水管理计划可以有效降低经济成本。

（二）桥梁项目采用的材料

桥梁工程建设需要的原材料对环境的影响与桥梁工程废弃材料的处理是目前

需要解决的两个主要问题。使用再生材料、区域材料和再利用材料将有助于减少与材料使用有关的环境污染。为尽量减少与材料选择、垃圾处理和垃圾产生有关的环境污染，应选择可持续材料，减少材料的浪费，鼓励材料再利用和再循环。

通过某种加工过程可以再次使用的原料称之为再生材料。再生材料的使用节省了资源，减少了空气和水的污染，并节约了有限的垃圾填埋场地。再生材料还可以节省经济成本，比如较低的原材料成本与较低的处置成本。在某些情况下，使用再生产品能够改善材料性能。钢是世界上回收率最高的材料，在其使用寿命结束时，大部分钢铁产品和建筑用钢结构梁板会回收制成新的产品。有几种可回收的材料，如粉煤灰、矿渣水泥和硅粉，可以部分替代硅酸盐水泥。因此，使用再生材料是桥梁设计与施工中更有效环保的关键环节。

再利用材料是指在解构或拆除桥梁后可重复使用的材料。这将减少所需原材料的数量，减少采矿和运输对经济和环境造成的影响。这些材料可以用在一些与路面相关的建设中，如混凝土或沥青面层，水泥或沥青稳定碎石基层与填充。

建筑垃圾管理是指识别、收集和清除建筑工地的废料，同时运到适当地点。建筑垃圾管理计划是管理建筑垃圾的第一步，因为它要求承包商在施工期间建立一套追踪废物产生和处置的系统，重复利用垃圾掩埋场和焚化设施内的建筑拆卸废料，将可回收资源返回到制造过程中去，将可再利用的物料运到合适的场地。

（三）桥梁项目施工组织采用的技术

桥梁项目施工组织技术决定着项目施工时间的长短以及施工设备对环境的破坏程度。

加速施工是在尽可能短的时间内实现结构的施工，同时减少延误和交通中断。它不仅能够快速建造建筑物，还可以利用各种技术、工艺和科技来减少因施工引起的拥堵，同时达成比预期还要好的质量。加速施工可以采用自行式模块化运输、顶推法等技术。这些技术被用于新桥梁的建设和现有桥梁的置换。

施工设备的废气排放对环境有重大影响。因此，对排放量比常规设备低的新型设备就有迫切的需求。施工设备使用的非道路发动机大多数都是内燃机，非道路柴油发动机则广泛应用于工程建设、农业和工业设备领域，施工设备发动机应严格遵守相关标准，减少非道路设备排放的废气。

（四）桥梁项目运维方式

桥梁项目的运维管理是桥梁生命周期中最重要的一环，也是持续时间最久的一个阶段。在这个阶段，桥梁的绿色低碳养护行为对桥梁与周围环境起着决定性的作用。同时，由于桥梁是提供公共服务的场所，加强对公众绿色行为的宣传教育能够有效提升桥梁的生态友好水平，减少通行过程中对桥梁本身和周围环境的破坏。

检测技术在收集各种结构、环境条件的数据和可靠性指标方面起着非常重要的作用。使用高效的设备和程序有助于更有效、更准确地评估桥梁的状况。进行何种维修活动需要依据高效准确的数据来决定，因此，建议使用高效的检测技术和程序来评估桥梁状况，以便进行适当的维修活动，从而提高桥梁使用寿命，减少相关的环境影响。

五、绿色低碳桥梁评价体系设计

（一）评价体系架构的设计

基于本书的研究目的，绿色低碳桥梁评价体系架构应包括评价目标、项目阶段和具体指标。其中，评价目标即桥梁项目的绿色低碳评价，评价结果除了包括对桥梁项目绿色低碳水平进行评级并得到评价得分外，还包括发现桥梁项目绿色环保方面存在的问题，并提出相应的对策和建议。项目阶段即对桥梁项目进行评价需要展开的角度。具体指标即该评价体系对桥梁项目进行具体逐项评估的标准。

（二）评价指标体系的构成

依据桥梁建设项目的输入、输出过程，本次指标的设置横向分为项目设计、施工与运维管理 3 个评价维度，并按指标的层级纵向分为评价目标、基本指标与指标要素 3 个层次，在此基础上提出了一套由评价目标—基本指标—指标要素组成的多维度、多层次的指标体系，综合映射与衡量桥梁项目的绿色低碳内涵。

在评价体系中，将桥梁涉及的问题分为自然资源和环境负荷、桥梁的能源消耗、桥梁结构与质量、为使用者提供服务的水平四大类。

通过筛选指标，去掉冗余指标，提取核心指标，得出最终的简洁完整的指标体系，同时实现在保持指标体系对评价对象的区分能力和关键指标完整的前提下，发现规律性知识。通过具体指标的选取过程，得出最后的指标集。具体指标的选取过程如图 6-1 所示。

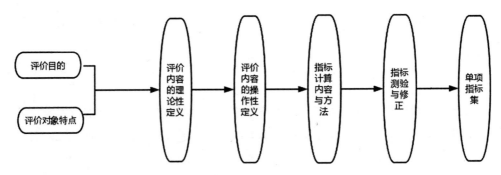

图 6-1　具体指标的选取过程

基于桥梁绿色环保评价的目的与桥梁工程的特点，针对自然资源和环境负荷、桥梁的能源消耗、桥梁结构与质量、为使用者提供服务的水平四类类别的定义范围与实际操作事项，拟定了初步的指标内容及评价方法，随后通过与专家讨论进一步评测与修正具体指标，最终得出指标集。

基于上文的讨论与分析，本书把绿色低碳桥梁评价体系分为桥梁项目设计阶段、桥梁项目施工阶段与桥梁项目运维管理阶段 3 个部分，总计设有 21 条详细标准，如图 6-2 所示。

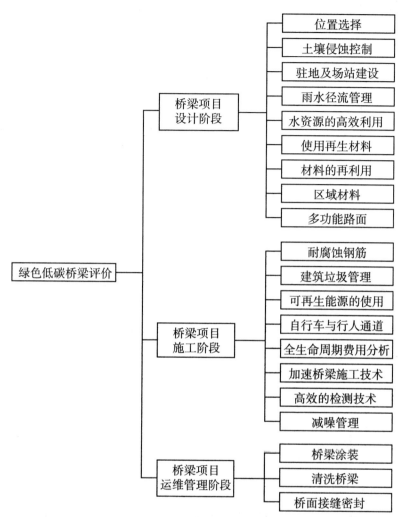

图 6-2 绿色低碳桥梁评价的指标体系

（三）指标说明

1. 位置选择

这个标准的目标是尽量选择对环境没有影响的地点。

（1）尽量避免占用国家濒危物种名单上任何物种的栖息地。栖息地及相关事项在国家法规里有明确规定。

（2）尽量避免将底座和桥墩放置在水体中，减少对环境的影响。考虑选择横跨距离最小的地点。

（3）公路桥梁应尽量避免把基座放置在任何水体的 15m 范围内，比如海洋、湖泊、河流和小溪，这些水体具有供养水生生物、娱乐与工业用途。此外，应避免在国家规定的湿地区域周围 30m 范围内建造和开发场地。

（4）在旧址重建一座桥梁，而不是重新选址修建，这样会减少对环境的影响。

2. 土壤侵蚀控制

这一标准的目的是减少施工活动造成的污染，比如在施工期间由于风、水、沉降、灰尘和颗粒物产生的土壤侵蚀。

（1）在破土动工之前制定一份综合冲淤控制计划。在桥梁工程的规范、图纸和成本概算中表明冲淤控制要求。

（2）应用冲淤控制惯例防止过度的现场损坏。

（3）制定进度计划并实施检查和维护计划。

3. 驻地及场站建设

驻地及场站是保障工程项目建设的后勤基地，其占地面积大，运输车辆出入频繁，制造了大量的生活与生产垃圾。这些污染需要进行合理的预防与处理，尽量减少对周围土地与环境的影响。

4. 雨水径流管理

这项标准的目的是减少暴雨造成的污染，阻止雨水径流流入地表水系。

实施雨水管理计划，其中包括合法排放、公共教育、雨水污染防治计划的描述。

5. 水资源的高效利用

水本标准实施需要有效减少饮用水的使用，同时尽量使用现场资源，以减少对城市供水的需求。

（1）考虑在预拌混凝土中使用回收处理的生活污水。储存、回收和再利用已用于设备清洗的水，植被和草坪使用循环水灌溉。

（2）统计灰水和循环水的数量，计算其占总用水量的百分比，依据得出的百分比来给予相应评价。

6. 使用再生材料

这项标准的目的是增加对再生材料的需求，从而减少原材料的提取和加工带来的影响。

（1）在项目的战略计划中包括再生材料战略。

（2）建立框架，考虑再生材料在项目规划、备选方案和减灾中的应用。

（3）鼓励再生材料长期供应计划。

（4）开设关于回收利用的课程。

（5）评估承包商在合同履行期间使用再生材料或环境保护的情况。

这项标准将根据项目使用再生材料的百分比给予评价。项目使用的再生材料百分比按成本计算：

再生材料百分比 =（再生材料的总成本 / 所有材料的总成本）× 100%

7. 材料的再利用

这项标准的目的是在公路建设中再次利用被拆毁的桥梁材料，以减少对原材料的需求，减少建筑垃圾，从而减少与原始资源的提取和处理有关的影响。

在项目施工中做到有计划、系统地拆除与回收材料。编制综合规划与对策，充分利用拆卸的材料（钢铁、木材等）。再生混凝土材料的主要来源是拆除现有的混凝土路面、桥梁结构、路边和排水沟。此外，考虑重新利用拆卸的材料，如桥梁、交通标志和柱子、安全栏杆、照明装置和传感器等。

8. 区域材料

区域材料是指取距施工现场 800km 半径范围内的原材料。地区生产的材料是指在距施工现场 800km 半径内组装成的成品。本条标准能增加项目对区域材料和成品的需求，支持本地资源的使用，减少运输对环境的影响。

（1）尽量采用区域材料和产品。

（2）为当地采购的材料建立项目目标，并确定能够实现这一目标的材料和材料供应商。

（3）区域材料百分比的计算如下。

区域材料百分比 =（区域材料 / 总材料成本）× 100%

（4）按重量或体积计算物料的数量，这些物料必须是从 800km 内运送抵达。

如果所有材料中有 25% 是区域材料，则获得最高评价。如未能获取区域材料百分比的准确数据，则依据满足本项指标要求的程度给予评价。

9. 多功能路面

使用长寿命与透水性能良好的路面。行车道 75% 以上的路面面积采用国际公认的长寿命路面设计方案，使沥青路面的设计使用年限达到 30 年以上，水泥混凝土路面使用寿命达到 40 年以上，并且在设计使用年限内无结构性的修复和重建，仅需根据表面层损坏状况进行周期修复。渗透（多孔）的路面或其他透水铺装技术的透水性铺装面积占桥梁总面积的 15% 以上。

10. 耐腐蚀钢筋

氯化钠是冬季桥梁融雪最常用的一种除冰剂。氯化钠能穿透裂纹，并随着时间的推移扩散，所以它也是钢筋腐蚀的催化剂，这也是桥梁结构恶化的主要原因之一。添加耐腐蚀的钢筋有助于建立防护，能够阻止水、氧气和其他促进钢筋腐蚀的元素渗入。通过抗氯离子渗透防止桥梁锈蚀，防止桥梁过早退化，延长桥梁使用寿命。不锈钢行业释放的二氧化碳排放量占全球总排放量的 12% 左右，由此可以看出不锈钢对可持续性贡献巨大，是降低碳排放的重要一环。因此，要考虑使用耐腐蚀的钢筋，如环氧涂层钢筋、不锈钢加固、不锈钢包层钢筋。

依据在工程中使用环氧涂层加固、不锈钢加固和环氧涂层加固情况给予评价。

11. 建筑垃圾管理

回收利用无害建筑垃圾（混凝土、钢材、木材、混合垃圾、瓦砾）。制定和实施建筑垃圾管理计划，至少要做到鉴别建筑垃圾中的物料并确认是否需要分类存放。此外，建立一个全面的计划，协助承包商合理处置水电拆除。这项计划需要收集、管理和处理桥面修复所用到的废水。制定一项建筑垃圾管理计划，使工程废料和建筑废料的回收率达到 95%。

12. 可再生能源的使用

可再生能源主要是太阳能、风能、地热能、生物质能和水能。采用可再生能源能够减少电力消耗，促进可再生能源技术的推广与运用。

制定利用可再生能源为桥梁供电的策略。可再生能源应符合《中华人民共和国可再生能源法》相关规定。统计新能源应基于消耗的能源数量，而不是成本。确定桥梁在运营期间的能源需求，并探讨签订可持续能源合同的可能性。以下措施将有助于降低电能消耗：使用太阳能电池为桥梁照明和警示标志供电；用效率更高的型号改造现有的照明标志灯；使用桥梁照明设备。

13. 自行车与行人通道

改善自行车通道与辅助设施，鼓励自行车出行。提供自行车和行人通道有着巨大的环境效益。这种出行方式不排放尾气，不使用化石燃料，也没有噪声污染。这一标准的目的是推广绿色出行方式（自行车与步行），最大限度减少污染和能源消耗。项目应制定行人和自行车通行的方案，并成立专项负责人，专门负责协调处理非机动车通行，同时在桥梁维修期间提供安全的自行车通道和行人通道。

14. 施工设备废气管理

如果 50% 的设备符合非道路移动机械废气排放要求，本项为中等评级。如果 75% 的设备符合非道路移动机械废气排放要求，本项为最高评级。

15. 全生命周期费用分析

全生命周期费用分析是一项重要的技术，分析获得的数据能够协助交通部门进行投资决策。全生命周期费用分析是依据经济学原理，经过一系列计算程序得到初始投资和未来成本之间的分析比较。该分析能够估算项目各备选方案的总成本，在保证质量与功能的基础上让业主选择全生命周期总成本最小的方案。

进行桥梁全生命周期成本分析则本项给予最高评级。

16. 加速桥梁施工技术

我们的目标是减少项目的建设时间，从而减少环境和交通流动的影响。

计算使用加速施工技术节省的时间与正常施工时间百分比。分数是基于百分比给出的，如未能获取节省时间百分比的准确数据，则依据满足本项指标的要求程度给予评级。

17. 高效的检测技术

检测应符合住建部与交通运输部发布的规范［《城市桥梁检测与评定技术规范》（CJJ/T 233—2015）、《建筑与桥梁结构监测技术规范》（GB 50982—2014）］与行业标准中关于桥梁检测的要求《公路养护技术规范》（JTG H 10—2009），同时参考美国桥梁检测标准中关于 QA/QC（质量保证 / 质量控制）检测的程序。

使用专业桥梁设备能提高数据收集的效率和精度，例如桥下检测工具、移动检测平台、无损检测设备、数据收集与分析设备等。同时专业机械设备能够允许工作人员移动到合适的位置再进行手动检测与维修工作。

18. 减噪管理

采用有效的降噪措施，包括设置隔声装置、设置限速禁鸣标志等，当然，还需有对应的设计方案。

施工期间噪声应符合《建筑施工场界环境噪声排放标准》（GB12523—2011）的规定，按照规定时段施工，对产生较大噪声的施工机械采取降噪措施。桥梁运营期间的噪声控制标准应符合《声环境质量标准》（GB3096—2008）的规定。

19. 桥梁涂装

桥梁涂装是桥梁生命周期的重要组成部分。涂装不仅使桥梁外形美观，还是钢桥构件预防腐蚀和恶劣天气的重要手段。涂装使用的涂料也应适用于潮湿空气氧化下的腐蚀环境。桥梁涂装前应制定相应的计划与预案，并提前告知公众相关的措施与影响，比如交通车道封闭，行人和自行车绕行，适度的建筑噪声和灰尘等。另外，桥台和桥墩通常都是混凝土做的，只有钢制的梁和隔板是需要涂漆的。涂装可以防止桥梁部件因腐蚀而变质，继而影响桥梁的使用寿命。

涂装过程中需重点保护工作人员和环境免受油漆的侵害。在施工过程中利用最佳方式来保护工作人员与环境，比如去除含铅油漆，改用环氧富锌的油漆，在喷涂过程中保持现场通风良好，严禁烟火、焊接，使用防爆设备。富锌涂层应符合国家标准。工作人员需佩戴合格有效的劳动保护用品，轻微不适者可稍事休息，严重者及时送医治疗。

20. 清洗桥梁

桥梁清洗是桥梁养护中的重要环节，可显著提高桥梁构件的寿命，减少未来的维修要求。它包括清洁所有易受灰尘侵蚀、易积累鸟粪和化学物质的桥梁部件。清洗养护作业应符合《公路桥梁养护规范》（JIG 5120—2021）相关规定。清洗时应使用适当的手段或方法，比如手工工具、鼓风机或者水冲法。

清理时应遵循以下原则。

（1）佩戴合适的口罩，避免吸入灰尘或其他任何物质。

（2）桥梁构件如桥面、桥墩承台、桥台座、挑梁、翼墙、承重体系、开阔伸缩缝均应用清水冲刷。

（3）清理桥附近的杂草、漂浮物、碎片等，保持维修通道的正常使用。

（4）确定洗涤水的污染程度，选择合适的处理方法，如排放在地表以下或循环处理。

21. 桥面接缝密封

桥面接缝是结构固有功能的重要组成部分。温度变化、荷载引起的挠度、混凝土的徐变收缩、水流或冰流以及车辆纵向力等因素都会引起桥梁的膨胀和收缩。桥面接缝允许桥梁扩张和收缩，同时保护连接处下方的关键部件。桥梁养护应尽量减少或消除不良的桥面接缝，从而保持桥梁的使用寿命。

本项标准要求尽量消除桥面不良接缝或使用轨枕板从桥上移动接缝。尽可能停止在新建工程、改造和维修中使用压缩密封，并在需要扩张和旋转的位置使用条形密封式膨胀装置更换现有的压缩密封，建立维护接缝的例行保养流程。

第三节　绿色低碳桥梁评价体系的实证研究

一、胶州湾跨海大桥工程的基本信息

山东青岛的胶州湾跨海大桥是我国北方冰冻海域的特大桥梁工程，是青岛市规划的东西跨海通道"一路一桥一隧"中的"一桥"。大桥全长41.58km，建成后成为山东半岛蓝色经济区战略的重要交通枢纽，进一步完善了青岛市东西跨海的交通联系，为城市的深度发展拓展出崭新的空间。

胶州湾大桥攻克了许多特大型跨海大桥的技术难题。兼具防雾和景观功能的LED桥梁护栏节能灯为世界首创；4D技术和4D管理理念的应用实现了项目管理的集成化和可视化；在结构耐久性的研究和长寿命评估方面，实现了大桥全寿命周期的过程控制，从而全面提高了胶州湾大桥的运营效率、降低了运营成本。延长结构的实际使用寿命，为海上桥梁的耐久性设计提供数据基础和理论依据。

在胶州湾大桥建设期间，项目指挥部成立了专门节能环保管理部门，建立了政府监督、业主管理、企业控制、全员实施的节能环保保证体系，在保护海洋原生态环境的思想指导下，创新设计与施工技术，减少海上作业工序，有效地实践了绿色桥梁的理念。

胶州湾大桥在科技创新、工程美学价值、与自然环境的协调统一等方面做出了创新，因此有必要利用绿色桥梁评价体系进行详细评估，为今后的绿色桥梁建设与保养提供了宝贵的经验。

二、胶州湾大桥绿色低碳评级

（一）确定评价等级标准

根据绿色低碳桥梁工程评价的目的，评价等级标准为优秀，良好，中等，合格，不合格。为方便计算，设定其对应的值分别为95，85，75，65，55。

（二）指标打分依据

1. 打分的基本依据

通过文献与施工资料的查找、比对，本书依据指标要求列出了胶州湾大桥在

实际建设与运维中采取的措施。

（1）桥梁项目的位置选择与环境影响。

本项目为跨海大桥，海上长度为 25.17km。桥梁选址考虑了青岛市的发展规划、船只通行、已建海底隧道、社会影响等因素。大桥所处海域是养殖、旅游重点区域，采用钻孔灌注桩的施工方式，利用技术创新解决水上钻孔桩施工中产生的泥浆和钻渣的排放。驻地及场站设置依据《高速公路施工标准化技术指南》等相关标准和规范，同时针对临近海洋生态保护区的特殊情况做出了相应的整改。桥面做了横坡和排水孔，便于降雨时桥面无积水。本项目混凝土标准要求较高，不允许使用回收水预拌。严格控制污水流向，并在合理位置设沉淀池，污水经沉淀后用于洒水降尘。

（2）桥梁项目采用的材料。

海上湿度大，干湿循环频繁，烟雾中含有大量氯离子层腐蚀钢材。海上施工所选用的材料应该具备抗干湿变形和抗腐蚀的能力。项目使用的高性能混凝土原材料主要包括水泥、粉煤灰、细矿粉、聚羧酸系减水剂、引起剂、砂、碎石、水。选材依据本地区实际情况采用。跟踪控制建设所需的主要材料，确保材料质量和及时供应。采用硅酸盐水泥、土、碎石、砂、石屑、水等路面所需材料均为高标准要求，同时对施工技术、机械、条件等做了详细规定。

本项目多是钢筋混凝土结构。混凝土使用海上高性能混凝土（抗氯离子渗透，抗冻融循环），同时设计合理的钢筋保护层厚度。对于混凝土耐久性而言外加电流阴极防护属于辅助措施，但对于钢筋混凝土结构耐久性而言，却属于根本措施。对新建钢筋混凝土结构，通过较低的电流就可避免钢筋锈蚀，起到防护作用。但是对于旧有钢筋混凝土结构，则需通较大的保护电流才能阻止钢筋的进一步锈蚀，起到保护作用。

本项目接入高速公路网，不允许自行车与行人通行。施工期间项目指挥部成立了专门环保管理机构，确保所有施工设备废气排放达标。

（3）桥梁项目施工组织采用的技术。

主线箱梁采用工厂预制和海上吊装。连接线、匝道用滑移模架现浇。关键技术的采用包括水下无底封混凝土套箱技术、非通航段 60m 箱梁整垮预制吊装技术、非通航段 50m 箱梁滑模施工技术、通航段钢箱梁大节段吊装施工技术。新技术普遍具有如下优点：施工速度快、预制安装协同性高，施工过程中环境因素影响较小，便于质量控制。与传统节段相比，拼装节段施工缝较少，可以保证工程质量，同时施工安全性也较高。利用水下无底封混凝土套箱技术的项目约有 400 个承台，可以节约 1.6 亿元，同时可以节约工期 6 个月。除此之外，还可降低后期维护费用，减少承台后期防腐层维护次数，延长承台寿命约 50 年。增强承台抗船舶撞击能力 20% ～ 70%，降低桥梁撞击破坏的风险。

防腐漆一般采用环氧富锌漆，特殊情况下选用无机富锌漆或热喷金属锌等。操作人员和辅助人员应穿防护服、戴面罩和防尘防喷雾罩或纸质防毒面罩。这对混凝土表面的开口孔大小、数量和混凝土表面含水率的要求也较高。承台底 6m 高程范围内全部涂装，分三层施工（封闭底漆 + 中间漆 + 面漆）。桥墩与承台常被海蛎子裹覆，海蛎子体液的 pH 值为 6.5，显弱酸性，对混凝土耐久性不利，对涂层稳定性影响未知，用舰船重防污漆可以解决海蛎子裹覆问题，但是也要考虑到胶州湾海域是海产品养殖重点区域。

（4）桥梁项目运维方式。

本项目的桥梁养护通过公开招标的方式委托给专业桥梁养护机构，按照高标准、严要求，采用最新的检测设备与技术进行检测；制定定期清洗桥梁计划和符合海洋环保制度的合理可行的清洁计划；完成桥面接缝与裂缝的检测、修复工作；建立完善定期保养维护制度，并严格执行。

2. 指标打分的结果

至此，得到项目的设计阶段、施工阶段、运维管理阶段分别对应的评价的模糊关系矩阵 R_A，R_B，R_C，如下：

$$R_A = \begin{bmatrix} 0 & 0 & 0.2 & 0.6 & 0.2 \\ 0.4 & 0.4 & 0.2 & 0 & 0 \\ 0 & 0 & 0.4 & 0.4 & 0.2 \\ 0 & 0 & 0.4 & 0.6 & 0 \\ 0 & 0 & 0 & 0 & 1 \\ 0 & 0 & 0.2 & 0.6 & 0.2 \\ 0 & 0.2 & 0.6 & 0.2 & 0 \\ 0 & 0 & 0 & 0 & 1 \\ 0 & 0 & 0 & 0 & 1 \\ 0 & 0 & 0 & 0.4 & 0.6 \end{bmatrix}$$

$$R_B = \begin{bmatrix} 0.8 & 0.2 & 0 & 0 & 0 \\ 0 & 0 & 0.4 & 0.4 & 0.2 \\ 1 & 0 & 0 & 0 & 0 \\ 0.6 & 0.2 & 0.2 & 0 & 0 \\ 0.8 & 0.2 & 0 & 0 & 0 \\ 1 & 0 & 0 & 0 & 0 \\ 0.6 & 0.4 & 0 & 0 & 0 \end{bmatrix}$$

$$R_C = \begin{bmatrix} 0.6 & 0.4 & 0 & 0 & 0 \\ 0.8 & 0.2 & 0 & 0 & 0 \\ 0.6 & 0.4 & 0 & 0 & 0 \\ 0.4 & 0.4 & 0.2 & 0 & 0 \\ 0.4 & 0.2 & 0.4 & 0 & 0 \\ 0.6 & 0.4 & 0 & 0 & 0 \end{bmatrix}$$

由公式可得出桥梁项目设计阶段模糊综合评价结果的计算如下：

$D_A = W_A \times R_A$

= (0.0792, 0.0572, 0.0484, 0.0704, 0.022, 0.0308, 0.0396, 0.0088, 0.022, 0.0616

$$\begin{bmatrix} 0 & 0 & 0.2 & 0.6 & 0.2 \\ 0.4 & 0.4 & 0.2 & 0 & 0 \\ 0 & 0 & 0.4 & 0.4 & 0.2 \\ 0 & 0 & 0.4 & 0.6 & 0 \\ 0 & 0 & 0 & 0 & 1 \\ 0 & 0 & 0.2 & 0.6 & 0.2 \\ 0 & 0.2 & 0.6 & 0.2 & 0 \\ 0 & 0 & 0 & 0 & 1 \\ 0 & 0 & 0 & 0 & 1 \\ 0 & 0 & 0 & 0.4 & 0.6 \end{bmatrix}$$

= (0.0229, 0.0079, 0.1047, 0.1602, 0.1214)

计算结果显示设计阶段的模糊综合评价最大隶属度为合格等级。同理可得桥梁项目施工阶段的模糊综合评价结果如下：

$D_B = W_B \times R_B$

$$= (0.0612, 0.0216, 0.0792, 0.0396, 0.018, 0.1116, 0.0288) \begin{bmatrix} 0.8 & 0.2 & 0 & 0 & 0 \\ 0 & 0 & 0.4 & 0.4 & 0.2 \\ 1 & 0 & 0 & 0 & 0 \\ 0.6 & 0.2 & 0.2 & 0 & 0 \\ 0.8 & 0.2 & 0 & 0 & 0 \\ 1 & 0 & 0 & 0 & 0 \\ 0.6 & 0.4 & 0 & 0 & 0 \end{bmatrix}$$

$$= (0.3041, 0.0363, 0.0171, 0.0089, 0.0044)$$

计算结果显示施工阶段的模糊综合评价最大隶属度为优秀等级。运维管理阶段的模糊综合运算如下：

$$= (0.0289, 0.0591, 0.0213, 0.0422, 0.0247, 0.0238) \begin{bmatrix} 0.6 & 0.4 & 0 & 0 & 0 \\ 0.8 & 0.2 & 0 & 0 & 0 \\ 0.6 & 0.4 & 0 & 0 & 0 \\ 0.4 & 0.4 & 0.2 & 0 & 0 \\ 0.4 & 0.2 & 0.4 & 0 & 0 \\ 0.6 & 0.4 & 0 & 0 & 0 \end{bmatrix}$$

$$= (0.1225, 0.0644, 0.0208, 0, 0)$$

计算结果显示运维管理阶段的模糊综合评价最大隶属度同样为优秀等级。由公式可进一步得出胶州湾跨海大桥项目绿色低碳评价结果如下：

$$D_G = (0.4215, 0.3708, 0.2077) \begin{bmatrix} 0.0520 & 0.0700 & 0.2380 & 0.3640 & 0.2760 \\ 0.8200 & 0.0980 & 0.0460 & 0.0240 & 0.0120 \\ 0.5900 & 0.3100 & 0.1000 & 0.0000 & 0.0000 \end{bmatrix}$$

$$= (0.4485, 0.1302, 0.1381, 0.1623, 0.1208)$$

据最大隶属度原则，胶州湾跨海大桥项目绿色低碳评价等级为优秀。

（三）项目综合得分评估

为方便计算，将优秀、良好、中等、合格、不合格五个等级赋予分值，即 $T =$

$[95,85,75,65,55]^{\mathrm{T}}$，利用公式来计算出各个评价指标的综合得分。

胶州湾跨海大桥项目的模糊综合评价得分如下：

$$S = D_G \times T$$

$$= (0.4485, 0.1302, 0.1381, 0.1623, 0.1208)\begin{bmatrix} 95 \\ 85 \\ 75 \\ 65 \\ 55 \end{bmatrix} = 85.81$$

胶州湾跨海大桥项目绿色低碳评价得分为 85.81，评定为良好等级。同理，可得出项目三个阶段的模糊综合得分，结果如下：

$$S_A = D_A \times T = 76.6$$
$$S_B = D_B \times T = 91.9$$
$$S_C = D_C \times T = 89.9$$

这三个阶段得分的差距较大，其中设计阶段得分较低，为中等等级，而施工、运维管理阶段的得分为近似 90 分，为良好等级，得分结果说明胶州湾跨海大桥工程在生态友好方面有了良好的工作成绩，尤其是注重环保的施工组织管理、先进施工技术以及环保优先的养护策略等都值得大力推广，同时也要注意到在绿色低碳设计部分仍有较大的提升空间。

三、项目评价总结

通过模糊综合评价体系运算结果分析可得出以下结论。

（1）胶州湾跨海大桥项目总体的绿色低碳评级为良好。依据最大隶属度原则，评价结果归纳于优秀，然而最终评分结果为良好，出现此偏差的原因可能是项目评价小组的意见比较分散。

（2）项目的设计阶段得分明显偏低。这可能是由于设计的重心偏离了绿色低碳与生态友好的理念，同时设计方案受到的影响因素较多，无法做到环保、技术与经济的最优化。如桥梁的选址由于考虑地区经济的带动、海底隧道的存在、军事活动等特殊情况，导致桥梁穿越了部分海洋生态景观区，没有做到物理距离上最优。

（3）项目的施工阶段与运维管理阶段得分都近似 90 分，处于较高得分。这说明在施工活动与养护管理活动中，绿色可持续发展理念有了较好的推广，相关的新技术与规范得到落实。总的来说，胶州湾跨海大桥项目在绿色建设与低碳维护方面比较优秀，采取了较多的措施与保障，取得了相应的成绩，为今后的绿色低碳桥梁项目提供了有益的借鉴。

四、提升桥梁工程绿色低碳建设水平的策略

（一）推广桥梁工程绿色设计理念

推广桥梁工程的绿色设计有助于从项目根源上实现环保、节约、绿色和可持续发展的目标。推广理念需要政府相关部门带头组织，制定积极的政策与资源倾斜制度，带动整个行业对桥梁可持续发展设计的认知，提升公众的了解程度和参与度。

1. 桥梁结构及耐久性设计

桥梁结构的设计需要考虑全生命周期内桥梁面临的负载增加问题和由于自然侵蚀与熵值增加造成的质量逐步降低问题。为了保障桥梁的长期使用与安全性，应对桥梁结构及其耐久性进行最优化设计。如主体结构是钢结构组成的桥梁，必须进行防腐处理，保障桥梁的正常使用，并延长其使用周期。

2. 桥梁附属设备的设计

伸缩缝、支座、排水系统、照明系统等都是桥梁的组成部分，虽然这些设施在整体投资中的比例较小，却有着非常重要的作用。

（二）建立桥梁工程施工阶段的绿色环保标准

绿色低碳施工就是在施工过程中，以环保作为施工理念，倡导资源节约，从施工的实际情况出发，应用科学的施工措施，从而保护环境，提高能源效率，把绿色环保施工技术作为质量目标。进行公路桥梁施工时，当前很多的施工企业都已经把绿色环保作为施工理念，绿色低碳施工也成为发展趋势，无论是施工材料还是能源方面，都以绿色为主，从而减少桥梁施工的成本，确保绿色低碳施工环境，促进公路桥梁施工建设的顺利发展。在公路桥梁建设过程当中，必须顺应生态环境，节约能源，用可持续发展的观点进行施工建设，把在公路桥梁建设中所造成的破坏降到最低，但同时也要保证施工质量。文明施工，减少对自然环境的破坏为绿色低碳施工的最终目的。

在国家与行业尚未作出明确的绿色低碳施工规范之前，施工企业内部应总结典型项目经验，结合企业特点与优势，制定相应的符合绿色环保理念的施工行为

标准。绿色低碳施工标准对提升施工队伍的整体水平起着风向标的作用。绿色低碳施工标准中应包含施工管理和监督的细节，同时又能够促使企业作为行为主体加强绿色环保行为的宣传与教育，争取做到人人皆知。绿色低碳施工标准中对于材料的使用、环境的影响度以及设备的高效使用也应有明确的阐述，运用统计方法与实地检验方法量化绿色环保水平评级与检查工作。施工标准应达到对生态、人文环境与自然环境起到保护的目的，并且做到使施工环境整体提高。

（三）规范桥梁项目运维管理阶段的行为

桥梁的运维期是属于生命周期中最长的一段，在运维期间养护人员与公众的行为活动都会与桥梁及其周围环境交互影响。桥梁运维管理单位需要参考国内外先进的养护理念，结合自身特点建立养护制度，采用先进的环保养护技术与设施，最大限度地保证桥梁运营时间与安全，同时减少对周围环境的破坏。公众绿色行为的提升需要社会力量的全方位参与，而桥梁建设与运营单位是其中重要的一环。绿色可持续发展的理念可以影响人们的行为活动，在桥梁出入口等显著位置放置绿色行为宣传标志、组织公益活动等都会对社会公众的行为产生积极影响。

（四）优化桥梁项目的市场资源配置

市场经济中的桥梁建设项目主要受到投入与产出模型的影响。除了建设企业的自主市场行为以外，政府需引导桥梁的设计、建设、保养等活动符合可持续发展体系。在此基础上，依据可持续发展体系的要求，宏观调控市场资源的配置，如缩减混凝土、普通钢材等的供应，加大新型耐腐蚀材料、回收材料的供应及补贴，加大对绿色监管体系的投入，培训出更多符合资格的一线工作与管理人员等。

参 考 文 献

［1］ 宋启宇，刘雁峰，王志凯. 道路桥梁设计与施工［M］. 北京：中国石化出版社，2020.

［2］ 江斗，刘成，熊文斌. 道路桥梁工程建设［M］. 北京：中国石化出版社，2020.

［3］ 李栋国，张洪军. 道路桥梁工程施工技术［M］. 武汉：武汉大学出版社，2018.

［4］ 方诗圣，李海涛. 道路桥梁工程施工技术［M］. 2 版. 武汉：武汉大学出版社，2018.

［5］ 谢晖. 道路桥梁工程中的钻孔灌注桩施工技术［J］. 住宅与房地产，2021（22）.

［6］ 沈朝勇. 道路桥梁工程材料质量检测重要性及检测要点分析［J］. 工程建设与设计，2021（23）.

［7］ 左彬. 无损检测技术在道路桥梁工程中的应用［J］. 居舍，2021（05）.

［8］ 姚利锋. 浅谈市政道路桥梁工程的施工管理策略［J］. 四川建材，2021（03）.

［9］ 杨慢，高鹏. 道路桥梁工程的常见问题和对策［J］. 四川水泥，2021（04）.

［10］ 陈菁菁. 道路桥梁工程全过程造价的风险及防范措施［J］. 江西建材，2021（08）.

［11］ 严路军. 浅析市政道路工程施工技术［J］. 江西建材，2021（08）.

［12］ 高晶晶，马少雄，刘明学. 道路桥梁工程技术专业"书证融通"路径探析［J］. 哈尔滨职业技术学院学报，2021（01）.

［13］ 吴煜琴. 公路工程检测数据的质量问题与对策思考［J］. 黑龙江交通科技，2021（01）.

［14］ 李星. 公路工程检测在公路工程质量控制中的应用［J］. 四川水泥，2021（04）.

［15］ 李成财. 公路工程检测技术在公路工程质量控制中的应用［J］. 工程建设与设计，2021（22）.

［16］ 滕志琴. 市政道路桥梁工程质量通病及控制措施探究［J］. 居舍，2021（30）.

［17］刘贞鹏. 双高"建设背景下的道路桥梁工程技术专业实践课教学改革策略［J］. 科技视界，2021（20）.

［18］苏颖. 公路工程道路桥梁设施养护存在的问题及对策［J］. 工程技术研究，2021（23）.

［19］丁丽娟. 高职道路桥梁工程技术专业多维度分层次校企协同育人模式研究［J］. 居业，2021（12）.

［20］鲍英基，王国安，戚豹. 道路桥梁工程技术国际化教学标准开发实践［J］. 教育教学论坛，2021（14）.

［21］刘红，王天成. 高职道路桥梁工程技术专业复合型人才培养模式的建设研究［J］. 科技经济市场，2021（05）.

［22］曹洋. 复合型人才培养模式下道路桥梁工程技术专业课程体系研究［J］. 新型工业化，2021（07）.

［23］陆政阳. 浅析预应力技术在公路桥梁工程施工中的优势［J］. 居舍，2020（07）.

［24］齐尚辉. 道路桥梁施工中预应力的应用和存在的问题及解决措施［J］. 住宅与房地产，2020（04）.

［25］魏建发. 道路桥梁工程建设项目质量管理的方法及对策研究［J］. 运输经理世界，2020（18）.

［26］皇甫宗致. 市政道路桥梁工程伸缩缝施工质量控制探究［J］. 运输经理世界，2020（11）.

［27］王晓晓. 市政道路桥梁工程的预应力施工技术分析［J］. 居舍，2020（02）.

［28］许洪春. 土木工程专业公路施工技术课程教学改革的措施［J］. 住宅与房地产，2020（05）.

［29］杜志超. 路桥工程深水基础钻孔灌注桩施工技术的应用［J］. 交通世界，2020（27）.

［30］徐勇军. 高速公路施工中钻孔灌注桩施工技术分析［J］. 黑龙江交通科技，2020（08）.

［31］郝诚辉. 钻孔灌注桩施工技术在公路桥梁施工中的应用［J］. 四川建材，2020（08）.

［32］刘宝军. 钻孔灌注桩技术在道桥工程施工中的应用研究［J］. 科学技术创新，2020（22）.

［33］李晶晶，王占锋. OBE 理念下桥梁工程技术课程教学改革研究［J］. 当代教育实践与教学研究，2020（04）.

［34］崔婷婷. 道路与桥梁工程技术专业人才培养模式探索［J］. 冶金与材料，2020（06）.

后 记

　　时光荏苒，转眼间，本书的撰写工作已经接近尾声，此刻内心万分不舍。因为在撰写的过程中，是作者本人与灵魂深处的一次对话，更是对道路桥梁工程技术与建设事业的一份思考。数月来的心血与努力在这一刻终于得以完成，倍感欣慰。同时，这本书的完成得益于在撰写过程中得到了家人与其他研究者的支持，在此表示深切的感谢。

　　作为一名从事道路与桥梁建设的工作人员，有幸参与过一些道路与桥梁工程技术与建设相关工作，将学术研究和实际工作相结合，很好地将理论联系实际。换言之，在学术上本书有一定深度，在实践中也有很好的建树，也为其他专业人员提供了不错的学习素材和创作灵感。

　　本书的出版无疑起到了添砖加瓦的小作用。虽然在内容与观点等方面可能还存在一些问题，但相信它能起引玉之砖的功效，能够开阔读者的眼界和激发学者争鸣。